EL
HÁBITO
GANADOR

ABRE PUERTAS A TU FAVOR

YADER SIMPSON

WHITAKER
HOUSE
Español

Editado por: Ofelia Pérez

El hábito ganador
Abre puertas a tu favor

ISBN: 978-1-64123-980-6
eBook ISBN: 978-1-64123-981-3
Impreso en Colombia
© 2023 por Yader Simpson

Whitaker House
1030 Hunt Valley Circle
New Kensington, PA 15068
www.whitakerhouse.com

Por favor, envíe sugerencias sobre este libro a: comentarios@whitakerhouse.com.

1 2 3 4 5 6 7 8 9 10 11 ⨆⨆ 30 29 28 27 26 25 24 23

EL HÁBITO GANADOR

ÍNDICE

ÍNDICE

PRÓLOGO

El insigne "caballero de la triste figura", Don Quijote de la Mancha, a quien Miguel de Cervantes inmortalizó en su novela del mismo nombre, dice lo siguiente en una de sus locas aventuras: *"Aprieta, caballero, la lanza y quítame la vida, pues me has quitado la honra"*.

De este modo da a entender que la honra vale más que la propia vida. No estoy del todo de acuerdo, pues la honra perdida podría, con ingente esfuerzo, llegar a recuperarse cosa nada sencilla, es cierto, pues lleva años construirla, un segundo destruirla y el doble de tiempo restaurarla una vez perdida, pero es imposible componerla si nos quitamos la vida.

En lo que concuerdo plenamente es en que la honra se trata de uno de los valores más cotizados en cielo y tierra. Es un valor interno que ilumina todo lo externo. La honra es la columna vertebral de la integridad y, por lo tanto, el pilar central que sostiene el edificio de la dignidad.

Por esta y por mil razones más, considero un supremo acierto el libro que Yader Simpson ha escrito: *El hábito ganador*.

Ahora que estás a punto de sumergirte en este océano de papel y tinta, debo hacer dos advertencias:

- ✦ En las páginas que siguen vas a ser confrontado con verdades que, por momentos, pueden resultar incómodas, pero que, ingeridas y digeridas, provocarán cambios esenciales en tu vida.

- ✦ Este libro, pronto lo comprobarás, actuará de dos diferentes maneras: será el mapa del tesoro que te llevará a la impresionante riqueza de vivir con honra, y actuará como catalizador que distinga entre lo importante y lo que de verdad importa. Elegir con acierto será luego cosa tuya.

Yader Simpson coloca la honra sobre la mesa de autopsias y, línea a línea, va diseccionándola ante nuestros ojos. De forma magistral nos muestra qué es y lo que contiene. Así mismo nos revela qué mató a la honra, y cómo resucitarla.

Quiera Dios que seamos muchos los que aceptemos este telegrama que el autor dirige a la conciencia, y descubramos el inmenso valor de este tesoro que, mucho me temo, está en vías de extinción.

Era necesario, estoy convencido de ello, que alguien se alzase con el arma de la dignidad y con la munición de verbos y adjetivos, y nos moviera a recordar que hay tesoros que vale la pena defender con uñas y dientes; joyas que deben ser custodiadas y preservadas. Una de ellas es **la honra.**

Te sugiero que busques un lugar tranquilo y serenes tu alma para participar de estas líneas. Es probable que en algún punto de la lectura sientas la necesidad de alzar la mirada al cielo y pedir a Dios que renueve tu pasión y tu visión. Si eso ocurriera, no apagues ese anhelo, por lo que más quieras, pues el mundo necesita desesperadamente de hombres y mujeres que prendan la luz de la honra e iluminen los caminos, demasiado salpicados por ciénagas de deshonra.

Abrí este prólogo citando a Miguel de Cervantes, y lo cierro citando otra de las memorables frases de este novelista, poeta y dramaturgo español: *"De los bienes que reparten los cielos entre los mortales, los que más se han de estimar son los de la honra"*.

Gracias, Yader Simpson, por empapar la pluma en el corazón de Dios y redactar estas líneas, construyendo con ellas la escala que nos alza a una vida de dignidad, valores y honra.

Sin más, damas y caballeros, dispongan su corazón para recorrer un camino lleno de tesoros de valor incalculable.

Con todos ustedes, EL HÁBITO GANADOR.

—**José Luis Navajo**
Autor de *El contador de historias*, *Peldaños a la cumbre*
y otros éxitos de venta

INTRODUCCIÓN

El idioma español es de los más ricos y extensos que hay en el mundo; hasta el año 2020 ocupó el segundo lugar en la lista de los más usados. El objetivo de este libro es demostrar que de las muchas palabras que componen la preciosa lengua española, una de las más importantes es la palabra "honra".

Me atrevo a asegurar esto porque en el libro más importante que se ha escrito en la historia de la humanidad, la Biblia, a lo largo y ancho de sus páginas el principio de la honra gobierna absolutamente todo lo que ocurre en la vida de los seres humanos, desde sus relaciones familiares e interpersonales, su éxito profesional o empresarial, hasta cosas tan vitales como la salud del cuerpo y aun los días que tenemos por vivir sobre la tierra. Lo que es incluso más importante es que la forma en que apliquemos el principio de la honra determinará la calidad de nuestra relación con Dios.

LA CULTURA INICIAL

En su plan original, Dios creó al hombre y lo puso en la mejor ubicación sobre la tierra, en un lugar llamado el jardín del Edén. Le dio al ser humano mandamientos para conservar aquel lugar, además de los beneficios que en él había. Las instrucciones tenían como objetivo que Adán y toda su descendencia honraran a Dios y lo reconocieran siempre como lo primero y lo más importante. En aquella cultura inicial, donde todo giraba alrededor de Dios, era posible que todo saliera bien. Aquella primera familia no tenía que preocuparse de nada, su relación marchaba de maravilla, porque se honraban entre ellos. No había necesidades, ni enfermedades, ni aun la muerte existía, y la armonía reinaba en aquel ambiente porque el hombre *honraba* las instrucciones que se le habían entregado. Todo estaba en paz.

A TRAVÉS DE UNA CULTURA DE HONRA

Aunque la palabra *honra* no aparece escrita en Génesis 1 y 2, está implícita en el comportamiento de la familia de Adán. Ellos practicaban tres cosas que en el cielo se reconocen como honra:

Obediencia: Dios se sentía honrado mientras sus hijos guardaban las instrucciones recibidas.

Expresiones verbales: el lenguaje que usaba la primera familia, antes de la caída, era un lenguaje saturado de honra y buenas palabras.

Gestos: el presentarse delante de Dios con algo que ofrecerle era una práctica tan común entre ellos, que aun los hijos de Adán y Eva, Caín y Abel, sin que Dios se los pidiera, ofrecieron ofrendas al Creador.

Lo que hacía que todo caminara bien no era solamente el hecho de que Dios estuviera presente, pues Él nunca desapareció, sino que el hombre guardaba las instrucciones y mantenía una cultura de honrar a Dios, a sus semejantes y a toda la Creación.

Pero una vez que Eva conversó con la serpiente y Adán deliberadamente desobedeció, sus pensamientos fueron desorganizados, e inmediatamente desapareció la honra como estilo de vida y cayeron en desobediencia a Dios. Acto seguido, se deshonraron entre ellos mismos acusándose el uno al otro; luego los hijos se mataron entre sí por celos y envidia. Desde entonces, ya no hay paraíso en la tierra, porque desapareció aquella cultura que mantenía vivo el proyecto del Creador para sus hijos.

LOS BENEFICIOS DE HONRAR

Hay cinco beneficios que se encontraban presentes en la primera familia que habitaba el paraíso aquí en la tierra y que vivía bajo una cultura de honra.

LA FELICIDAD

Adán y Eva vivieron muy felices dentro del paraíso, mientras lo hacían bajo una cultura de honra que Dios les había establecido. Es que la honra afirma la identidad y refuerza la confianza, elementos que todos buscamos y que a su vez nos conectan con la paz interior. Donde la honra es una costumbre, los seres humanos se sienten reconocidos y valorados. Se nos hace muy fácil acostumbrarnos a los ambientes donde nuestro potencial se aprecia y se desarrolla, lo que a su vez produce dentro de nosotros altos índices de felicidad.

RELACIONES SÓLIDAS

"Y fueron felices para siempre" reza la famosa frase de los cuentos de hadas. Pero para Adán y Eva esa frase era una realidad mientras conservaron la cultura de honra. Es que todos somos adictos a tener relaciones cercanas. De hecho, Dios mismo dijo que "no es bueno que el hombre esté solo". Pero la garantía de que una relación se mantenga estable por muchos años no depende solamente de que las personas estén juntas o acompañándose, sino que se necesita un estilo de comunicación donde se practique la honra para que todos los que componen ese vínculo se sientan atraídos por causa de la estimación que se les brinda dentro de las conversaciones.

SALUD

Dios hizo el cuerpo de sus hijos con la capacidad de no enfermarse y que las células nunca murieran. Adán y Eva experimentaban no solamente salud constante, sino vida eterna en aquel ambiente de honra. El cuerpo humano es una maravilla por sí solo, y mientras mejor se le cuide, mejor funciona. Dentro de una cultura de honra, donde todo es importante, el cuerpo nunca queda fuera, sino que se le atiende y alimenta con la firme intención de honrar lo que el Creador nos ha dado. La Biblia dice que hay personas que *"deshonraron entre sí sus propios cuerpos"* (Romanos 1:24) y como consecuencia terminan recibiendo la retribución de su extravío.

EL FAVOR

Algo que siempre estará presente en una persona que practica la cultura de honra es el favor que viene de Dios y de los hombres. Una persona que tenga el hábito de honrar a los demás se volverá un imán para sus semejantes y hará que todos quieran servirle y agradarle. Cuando honramos a los demás, ellos terminan abriendo el corazón para recibir más de eso que estamos ofreciendo. Todo el que se siente honrado en un lugar, quiere regresar y seguir experimentando lo que sintió en ese sitio. Es por eso que la gente que honra siempre hallará favor y gracia donde quiera que llegue, sobre todo cuando honra a Dios y guarda sus mandamientos.

ABUNDANCIA

La primera familia vivía mucha abundancia. El lugar donde Dios los puso estaba lleno de oro y piedras preciosas. El alimento era vasto y la palabra escasez ni siquiera existía. Al punto de que el hombre no tenía que pedir para sus necesidades, sino que antes de que se diera cuenta de la necesidad, Dios la suplía. Eso es lo que ocurre en todo ambiente saturado de honra. La prosperidad y el éxito no son obra de la casualidad, sino que son la consecuencia de practicar ciertos principios que producen resultados positivos. Salomón, hijo del rey David, quien llegó a ser el rey más próspero y poderoso que ha tenido la nación de Israel, comprendió que su éxito se debía precisamente a practicar el principio de la honra y por eso, inspirado por Dios, escribió:

> *Honra a Jehová con tus bienes,*
> *Y con las primicias de todos tus frutos;*
> *Y serán llenos tus graneros con abundancia,*
> *Y tus lagares rebosarán de mosto.*
>
> (Proverbios 3:9–10)

LA BUENA NOTICIA

Mucha gente ve estas cosas como inalcanzables, o como si estuvieran reservadas para cierto tipo de personas. Pero no es así, estos beneficios están al alcance de todo ser humano, porque fueron dados por Dios desde el principio para que los vivamos aquí en la tierra. Pero debe entenderse que cada uno de ellos son el resultado de vivir y practicar una cultura de honra. Los beneficios son alcanzables, solamente debemos tomar la ruta que nos lleva a ellos, la cual el Creador dejó establecida desde el mismo Génesis de la creación.

La buena noticia es que todos podemos retomar la cultura original y hacer de nuestra vida, hogares y familias, un paraíso donde podamos vivir bien y en paz. Podemos desarrollar hábitos que hagan que las cosas funcionen mejor para la raza humana; costumbres que nos lleven a honrar al Creador y a sus criaturas también.

Pienso que es hora de que nos volvamos intencionales y practiquemos la cultura llamada "honra" que Dios estableció, para que podamos vivir los beneficios que Él prometió.

PRACTIQUEMOS LA CULTURA

LLAMADA "HONRA" QUE DIOS ESTABLECIÓ,

PARA QUE PODAMOS VIVIR LOS

BENEFICIOS QUE ÉL PROMETIÓ.

1

LA MONEDA DEL CIELO

Mas ahora ha dicho Jehová:
[…] yo honraré a los que me honran…
—1 Samuel 2:30

Hace unos cuantos años, estábamos mi esposa y yo en un país de Latinoamérica dando unas conferencias. Teníamos una tarde libre, por lo que decidimos salir a caminar un par de cuadras alrededor del hotel. En algún momento nos topamos con un establecimiento donde vendían jugos, agua y otras cosas. Mi esposa me pidió que le comprara una botella de agua, así que me acerqué al negocio y le pedí a la persona dos botellas del precioso líquido. A la hora de pagar, saqué un billete de diez dólares de mi bolsillo y se lo di al despachador, pero el caballero me dijo: "Disculpe, pero no se aceptan dólares en este lugar, debe pagar en nuestra moneda". Yo le contesté: "Pero solo tengo dólares, porque venimos de Estados Unidos. ¿Puedo pagarle con una tarjeta de crédito?".

La persona se me quedó viendo como si yo fuera un extraterrestre y me dijo: "Caballero, ya le dije que solo aceptamos la moneda de nuestro país".

Me quedé un poco confuso, porque siempre había entendido que el dólar era bienvenido en cualquier lugar. Sin embargo, comprendí que el caballero estaba en su derecho. Después de todo, quizá habría tenido alguna mala experiencia en el pasado y estaba evitando repetirla. Seguimos caminando. En un siguiente establecimiento encontramos lo que queríamos y sí nos aceptaron el pago en dólares. Lo que yo no sabía es que aquella experiencia me estaba regalando una de las lecciones más preciosas que he coleccionado en mi vida: cada lugar tiene su propia moneda, y se reservan el derecho de no usar otra si así lo desean.

La razón por la que digo que fue una preciosa lección es porque entendí lo que pasa con muchas personas que se frustran cuando no ven resultados en su vida de oración. Muchos quieren ser un poco respetuosos con Dios y dicen cosas como: "Quizá no es la voluntad del Señor"; también dicen algo así como: "No es el tiempo de Dios para que ocurra"; o suelen decir: "Dios me dará algo mejor". Aunque tengo que admitir que algunas veces esas frases tienen mucho de verdad; sin embargo, pienso que en muchas ocasiones la razón por la que algunas oraciones no tienen resultado es porque no se está

CADA LUGAR TIENE

SU PROPIA MONEDA,

Y SE RESERVAN EL DERECHO

DE NO USAR OTRA SI

ASÍ LO DESEAN.

usando "la moneda del cielo", es decir, no se está siguiendo el protocolo adecuado para que funcione lo que estamos haciendo.

ENSÉÑANOS A ORAR

La oración es como la espina dorsal de nuestra vida espiritual, porque a través de ella establecemos y fortalecemos nuestra relación con Dios. Sin embargo, se vuelve frustrante cuando no se obtienen los resultados que se persiguen. Muchas personas no se sienten motivadas a orar porque pareciera que tienen un monólogo más que una conversación con Dios. Cuando la oración no se hace de forma efectiva, los resultados no pueden llegar.

En la Biblia, en la carta de Santiago, se nos dice que mucha gente no recibe por el hecho de no saber pedir (ver Santiago 4:3). Es que, así como en cada país hay una moneda que permite a las personas hacer transacciones y obtener sus necesidades, de la misma forma en el cielo hay códigos que deben respetarse. Existe una forma de presentar nuestras peticiones para que estas puedan ser efectivas. En cierta ocasión, los mismos discípulos de Jesús se acercaron y le hicieron una petición con respecto a este tema, esto aparece en el evangelio de Lucas 11:

Aconteció que estaba Jesús orando en un lugar, y cuando terminó, uno de sus discípulos le dijo: Señor, enséñanos a orar, como también Juan enseñó a sus discípulos. Y les dijo: Cuando oréis, decid: Padre nuestro que estás en los cielos, santificado sea tu nombre. Venga tu reino. Hágase tu voluntad, como en el cielo, así también en la tierra. El pan

nuestro de cada día, dánoslo hoy. Y perdónanos nuestros
pecados, porque también nosotros perdonamos a todos los
que nos deben. Y no nos metas en tentación, mas líbranos
del mal.   (Lucas 11:1-4)

Los discípulos han visto a Jesús orando, y por supuesto
que también han visto con sus propios ojos todos los resultados de esas oraciones. Ellos han visto que a Jesús orar le funciona, por esta razón, como lo haría cualquier alumno, se acer-
can al Maestro para pedirle que les enseñe sobre el tema. Esto
solo puede significar una de dos cosas: 1) que los discípulos no
saben lo suficiente sobre la oración; 2) o que cuando practican lo
aprendido, no les funciona. Sea cual fuere el caso, la respuesta
que Jesús les da no dista mucho de ser un seminario profundo
sobre la oración; más bien pareciera estar entregándoles una
especie de guía para seguir y que ellos (o cualquier otra persona)
puedan ser efectivos al orar. Jesús quiere enseñarles cuáles son
los códigos que Él mismo practica cada vez que ora, y que man-
tenerse dentro de ciertos parámetros trae resultados.

Jesús les dice que lo primero que hay que hacer cuando
entramos al cielo a hablar con el Padre no debe ser pedir, sino
honrar. Esto fue lo que dijo el Señor:

> *Y les dijo: Cuando oréis, decid: Padre nuestro que estás*
> *en los cielos, **santificado sea tu nombre**. Venga tu reino.*
> *Hágase tu voluntad, como en el cielo, así también en la*
> *tierra.*   (Lucas 11:2, énfasis del autor)

Jesús está tratando de hacer ver a sus discípulos que cuando
entramos al cielo a hablar con Dios, no podemos poner nuestras

necesidades antes que la honra que le debemos al Creador. Lo primero que se necesita para entrar al cielo es una actitud de honra y reconocimiento de la persona con la que estamos hablando. Este código fue usado por todos los que fueron atendidos por Dios y lo hicieron correctamente a la hora de hacer sus peticiones. Veamos algunos ejemplos:

- Moisés quitó sus sandalias y cubrió su rostro para honrar a Dios. (ver Éxodo 3:6)

- Josué puso su cara en la tierra para adorarlo. (ver Josué 5:14)

- Manoa y su esposa, padres de Sansón, se postraron en la tierra cuando vieron al ángel de Jehová. (ver Jueces 13:20)

- Abraham levantaba un altar y ofrecía sacrificios cada vez que invocaba el nombre del Señor. (ver Génesis 13:4)

LA HONRA ES LA MONEDA

De acuerdo con Jesús, podemos vivir en la tierra todo lo que Dios promete en el cielo; podemos experimentar la voluntad del Creador, así como en los cielos es experimentada. Sin embargo, para tener acceso al Padre que está en los cielos, al único y sabio Dios, y lograr que su voluntad se cumpla en la tierra, así como en el cielo, debe hacerse a través de la honra. Lo que nos da acceso al cielo es la honra. El Padre se reserva el derecho de aceptar cualquier otra forma de iniciar una conversación con Él, sean clamores, súplicas, peticiones, quejas, gemidos, lamentos, etc.; todas estas cosas en su momento pueden usarse para desahogar nuestra alma, pero el acceso directo es uno solo y se llama honra.

HONRA EN TIEMPOS DE CRISIS

Hay una historia en la Biblia sobre una mujer viuda que tuvo que aprender a utilizar estos códigos en un momento muy difícil de su vida.

Sucedió en ese tiempo que el profeta Elías fue enviado por Dios para dar una palabra al rey Acab, y el decreto decía que los cielos estarían cerrados y no habría lluvia hasta que aquella declaración fuese revertida por el mismo profeta, cuando Dios se lo indicara. Este hecho provocó que se desatara un hambre muy grande sobre la tierra y mucha gente pereciera, y como es de esperarse, las viudas eran las más afectadas.

En medio de aquel evento, Elías es enviado a visitar a esta mujer viuda que tiene un hijo, y Dios quería hacer un milagro para salvarla.

Vino luego a él palabra de Jehová, diciendo: Levántate, vete a Sarepta de Sidón, y mora allí; he aquí yo he dado orden allí a una mujer viuda que te sustente. Entonces él se levantó y se fue a Sarepta. Y cuando llegó a la puerta de la ciudad, he aquí una mujer viuda que estaba allí recogiendo leña; y él la llamó, y le dijo: Te ruego que me traigas un poco de agua en un vaso, para que beba. Y yendo ella para traérsela, él la volvió a llamar, y le dijo: Te ruego que me traigas también un bocado de pan en tu mano. Y ella respondió: Vive Jehová tu Dios, que no tengo pan cocido; solamente un puñado de harina tengo en la tinaja, y un poco de aceite en una vasija; y ahora recogía dos leños, para entrar y prepararlo para mí y para mi hijo, para que lo comamos, y nos dejemos morir. Elías le dijo: No tengas temor; ve, haz como has dicho; pero hazme a mí primero de ello una pequeña torta cocida debajo de la ceniza, y tráemela; y después harás para ti y para tu hijo. Porque Jehová Dios de Israel ha dicho así: La harina de la tinaja no escaseará, ni el aceite de la vasija disminuirá, hasta el día en que Jehová haga llover sobre la faz de la tierra. Entonces ella fue e hizo como le dijo Elías; y comió él, y ella, y su casa, muchos días. Y la harina de la tinaja no escaseó, ni el aceite de la vasija menguó, conforme a la palabra que Jehová había dicho por Elías.

(1 Reyes 17:8–16)

Elías llegó con una asignación divina que era hospedarse en aquel hogar lleno de necesidades para hacer que la provisión de Dios apareciera. Ya el Señor había "dado una orden", y el aceite y la harina tenían que someterse a esa orden y multiplicarse. Pero para que el milagro ocurriera y "la voluntad del cielo" pudiera cumplirse en la tierra, aquella mujer tenía que estar dispuesta a romper su propio plan. Ella tenía que estar dispuesta a "reorganizar sus prioridades" con el objetivo de aprender a honrar.

No era fácil para aquella mujer. Todo lo que ella tenía era suficiente solo para cocinar un bocado más, para ella y su hijo, y después de esto abandonarse a la muerte por causa de la desnutrición. El profeta le propone que esa ración de comida sea usada como un instrumento de honra, porque Dios quería hacer un milagro.

Junto a mi esposa somos padres de dos hijos, y me imagino lo que el corazón de esa viuda tuvo que atravesar para tomar una decisión tan extraordinaria. Ver a su hijo con el cuerpo desnutrido y a punto de perecer de hambre, y en esas condiciones tener que ¡cocinar para honrar! La Biblia no nos dice cuánto tiempo le

EL REQUISITO PARA

CONSEGUIR LA PROVISIÓN

ERA EL USO DE LA MONEDA

DE LA HONRA.

tomó a la viuda procesar todo esto para tomar acción a favor de la palabra del profeta Elías. Pero sí sabemos que la dura y larga travesía mental que vivió aquella mujer finalmente culminó en el uso de la fe para honrar en tiempo de crisis.

El asunto es que ella no tenía muchas opciones, pero el cielo le estaba haciendo una oferta para salir de aquella situación, y el requisito para conseguir la provisión era el uso de la moneda de la honra. Tomemos en cuenta que hace años que no había llovido y la señora y su hijo estaban a punto de fallecer por causa del hambre que azotaba a la tierra. Aquella viuda, lo único que tenía era un puñado de harina y un poco de aceite, y la instrucción de Dios es: "Dame a mí primero". Esto es honra. Es cuando la obediencia nos lleva en dirección opuesta a la lógica. Es cuando tus números no cuadran, pero aún así diezmas. Es cuando tu corazón sangra, pero aún así adoras. Es cuando tus fuerzas no rinden, pero aún así sirves. Honra es poner a Dios antes que a nosotros. Es romper por completo con nuestra autocomplacencia para agradar y obedecer al Rey primero.

Lo impresionante es cómo termina aquella historia. La viuda usó "la moneda del cielo" llamada honra y como consecuencia la provisión se soltó sobre su casa. La voluntad del Padre se cumplió en la tierra, porque alguien envió honra al cielo. Hay siete enseñanzas que podemos rescatar de esta hermosa historia:

1. Quien ajusta sus prioridades con la intención de honrar y las organiza de acuerdo con el corazón de Dios, siempre tendrá provisión.

> ## HONRA ES PONER
>
> ## A DIOS ANTES QUE A NOSOTROS.

2. Cuando Dios nos llama a arriesgarlo todo para honrarlo a Él primero es porque tiene un plan mucho mejor que el nuestro.

3. Es un error poner nuestras matemáticas a competir con el plan de Dios.

4. Confiar en Dios no es una emoción pasajera, es más bien soltarse en sus brazos, sabiendo que Él tiene cuidado de nosotros.

5. Las circunstancias nunca son una limitante para lo que Dios puede hacer, siempre y cuando nosotros no le pongamos límites a la honra que Él nos está pidiendo.

6. Lo poco se puede convertir en mucho a través de la honra.

7. La honra nos da acceso a todo lo que el cielo ya ordenó para nosotros.

LA ORACIÓN EFICAZ

Estoy sumamente convencido de que la intención de Jesús, cuando enseñó a sus discípulos sobre la oración, era que fueran efectivos. Cuando Él dijo: *"El pan nuestro de cada día, dánoslo hoy"* (Lucas 11:3) se estaba refiriendo a que hay cosas que ya son "nuestras" y están en las manos del Padre, pero para obtenerlas debe usarse "la moneda del cielo".

Tanto el cielo como la tierra están llenos de cosas que son nuestras, y Dios quiere ayudarnos a conquistarlas a través de la moneda del cielo llamada honra. Una vez que le damos al

LA HONRA NOS DA ACCESO

A TODO LO QUE EL CIELO

YA ORDENÓ PARA NOSOTROS.

Padre lo que es suyo, de forma natural conseguimos lo que ya es nuestro. A Él le pertenece la honra, y cuando un ser humano es capaz de reorganizar sus prioridades para honrarlo, entonces *"el pan nuestro"* llega y muchas veces sin que lo pidamos.

Esto fue lo que le pasó a Adán en el principio, en Génesis 2. Mientras honraba a Dios con su obediencia, todo lo que le hacía falta le llegó, aun sin que tuviera que pedirlo. Te invito a leer el próximo capítulo y descubrir con más detalles lo que la moneda del cielo ha hecho y sigue haciendo por los que se atreven a honrar.

2

LA CULTURA DE LOS GRANDES

"El respeto está influenciado por el miedo y
la honra por el amor".
—Yader Simpson

¿HONRA O RESPETO?

Nací en Nicaragua, en el año 1968, y fui criado en aquellos tiempos donde el trato que se les daba a los adultos, al igual que a los maestros y policías, era con mucho respeto. Si un adulto hablaba, mi responsabilidad como niño era detener cualquier actividad que yo estuviera llevando a cabo para oír lo que esa persona tenía que decir. Sin importar si yo mismo era quien estaba hablando y era el adulto quien me estaba interrumpiendo a mí, solamente por el respeto a esa persona yo debía callarme y escuchar. El respeto a los adultos era un mandamiento, y ni hablar de lo que era el respeto a los padres y abuelos. El más mínimo indicio de irrespeto era suficiente para garantizar un castigo (no necesariamente físico) antes de dormir.

Ahora que soy adulto, y sobre todo cristiano y estudiante de las Sagradas Escrituras, he descubierto que, aunque el respeto es muy bueno, existe un comportamiento superior con el que Dios espera que nos comportemos, y se llama *honra*. Honra y respeto no son la misma cosa. La Biblia dice:

> *Pagad a todos lo que debéis: al que tributo, tributo; al que impuesto, impuesto; al que respeto, respeto; al que honra, honra.*   (Romanos 13:7)

Este pasaje enseña que no es lo mismo honrar que respetar. Desde el simple hecho de que estas palabras están separadas en el mismo verso, ya es un mensaje que indica que son dos cosas distintas. El diccionario bíblico lo hace todavía más claro: la palabra "respeto" es el término griego *phobos*, de donde sacamos la palabra "fobia"; y significa: miedo o terror que se le tiene a alguien o a algo.

La palabra "honra" es el término griego *time*, y significa: valorar algo o alguien con un alto precio. También se traduce como: admiración, devoción, fervor, homenaje, tributo.

El ambiente en el que yo crecí me enseñó respeto, y estoy muy agradecido por eso; pero la Biblia me ha enseñado algo

EL RESPETO ESTÁ

INFLUENCIADO POR EL

MIEDO, Y LA HONRA,

POR EL AMOR.

superior que es la honra. Tuve que respetar a mis padres en aquellos tiempos, pero una vez que conocí la diferencia entre respeto y honra, me propuse "honrarlos". Porque entendí que el respeto está influenciado por el miedo, y la honra, por el amor.

Una persona respeta porque no quiere pagar las consecuencias de violar una regla establecida. Pero el honor es distinto; cuando se honra a alguien se hace con el sano impulso de querer agradarle y la intención transparente de no esperar nada a cambio. Además de esto, el respeto muchas veces debe ser impuesto, pero la honra es voluntaria.

LOS GRANDES HONRAN

Sin duda alguna, cada vez que se practica el principio de la honra las recompensas aparecen de forma automática. Aunque esta siempre se ofrece sin la intención de conseguir la recompensa, sino más bien, con el deseo de agradar y reconocer la dignidad que hay en esa persona o cosa que se está honrando. En otras palabras, no adoramos para que Dios nos bendiga, sino porque Él es digno de ser adorado. No ofrendamos para que el Creador nos prospere, sino por agradecimiento a su provisión y amor por nosotros. Tampoco le entrego un regalo a mi esposa para conseguir un favor, eso sería manipulación; cuando lo hago, es porque la amo y quiero afirmarle mi enorme cariño hacia ella.

Permítame insistir en esto. ¡Por supuesto que la honra genera grandes y preciosos beneficios!, pero para llamarse honra, la motivación no son los beneficios sino la satisfacción de quien está siendo honrado. Hay una historia en la Biblia que habla precisamente de esto, trata de alguien que llegó a ser el primer rey de Israel. Su nombre fue Saúl.

Había un varón de Benjamín, hombre valeroso, el cual se llamaba Cis, hijo de Abiel, hijo de Zeror, hijo de Becorat, hijo de Afía, hijo de un benjamita. Y tenía él un hijo que se llamaba Saúl, joven y hermoso. Entre los hijos de Israel no había otro más hermoso que él; de hombros arriba sobrepasaba a cualquiera del pueblo. Y se habían perdido las asnas de Cis, padre de Saúl; por lo que dijo Cis a Saúl su hijo: Toma ahora contigo alguno de los criados, y levántate, y ve a buscar las asnas. Y él pasó el monte de Efraín, y de allí a la tierra de Salisa, y no las hallaron. Pasaron luego por la tierra de Saalim, y tampoco. Después pasaron por la tierra de Benjamín, y no las encontraron. Cuando vinieron a la tierra de Zuf, Saúl dijo a su criado que tenía consigo: Ven, volvámonos; porque quizá mi padre, abandonada la preocupación por las asnas, estará acongojado por nosotros. El le respondió: He aquí ahora hay en esta ciudad un varón de Dios, que es hombre insigne; todo lo que él dice acontece sin falta. Vamos, pues, allá; quizá nos dará algún indicio acerca del objeto por el cual emprendimos nuestro camino. Respondió Saúl a su criado: Vamos ahora; pero ¿qué llevaremos al varón? Porque el pan de nuestras alforjas se ha acabado, y no tenemos qué ofrecerle al varón de Dios. ¿Qué tenemos? Entonces volvió el criado a responder a Saúl, diciendo: He aquí se halla en mi mano la cuarta parte de un siclo de plata; esto daré al varón de Dios, para que nos declare nuestro camino. (Antiguamente en Israel cualquiera que iba a consultar a Dios, decía así: Venid y

vamos al vidente; porque al que hoy se llama profeta, enton-
ces se le llamaba vidente.) Dijo entonces Saúl a su criado:
Dices bien; anda, vamos. Y fueron a la ciudad donde estaba
el varón de Dios.   (1 Samuel 9:1–10)

LA DIFERENCIA

La historia bíblica dice que Saúl, quien estaba destinado para ser rey, andaba en busca de unas asnas en obediencia a su padre, pero al no encontrarlas, quiso volver a casa para no angustiar a su papá. El criado, quien lo acompañaba, le dijo que fueran a consultar al profeta antes de volver. Prestemos atención a la respuesta de Saúl:

Respondió Saúl a su criado: Vamos ahora; pero ¿qué lle-
varemos al varón? Porque el pan de nuestras alforjas se ha
acabado, y no tenemos qué ofrecerle al varón de Dios.
                                                      (1 Samuel 9:7)

Saúl sabe una cosa, y es que para presentarse delante de un hombre de Dios no se puede llegar con las manos vacías. Eso se llama honra. La preocupación del futuro rey no estaba en lo que aquel profeta podía decirles, o si tenía una Palabra de Dios para ellos o no. Todo lo que Saúl pregunta es: "¿Qué llevaremos al varón?".

Por otro lado, el criado tiene plata en su mano, pero su preocupación es distinta; él quiere saber lo que el profeta tiene que decir.

*Entonces volvió el criado a responder a Saúl, diciendo: He aquí se halla en mi mano la cuarta parte de un siclo de plata; esto daré al varón de Dios, **para que nos declare nuestro camino.*** (1 Samuel 9:8, énfasis del autor)

EL ENCUENTRO

Existe una gran diferencia entre la gente que va a ser grande y los que no. Los primeros piensan en la honra y los otros solamente en los beneficios. No es que los beneficios sean malos; por el contrario, Dios mismo nos ofrece recompensas abundantes. Pero cuando ofrecemos algo, la motivación debe ser transparente para que pueda ser considerado un acto de honra. Ahora veamos lo que pasó con Saúl aquel día:

Ellos entonces subieron a la ciudad; y cuando estuvieron en medio de ella, he aquí Samuel venía hacia ellos para subir al lugar alto. Y un día antes que Saúl viniese, Jehová había revelado al oído de Samuel, diciendo: Mañana a esta misma hora yo enviaré a ti un varón de la tierra de Benjamín, al cual ungirás por príncipe sobre mi pueblo Israel, y salvará a mi pueblo de mano de los filisteos; porque yo he mirado a mi pueblo, por cuanto su clamor ha llegado hasta mí. Y luego que Samuel vio a Saúl, Jehová le dijo: He aquí éste es el varón del cual te hablé; éste gobernará a mi pueblo. Acercándose, pues, Saúl a Samuel en medio de la puerta, le dijo: Te ruego que me enseñes dónde está la casa del vidente. Y Samuel respondió a Saúl, diciendo: Yo soy el vidente; sube delante de mí al lugar alto, y come hoy conmigo, y por la mañana te despacharé, y te descubriré todo lo que está en tu corazón. Y de las asnas que se te perdieron hace ya tres días, pierde cuidado de ellas, porque se han hallado. Mas ¿para quién es todo lo que hay de codiciable en Israel, sino para ti y para toda la casa de tu padre? Saúl respondió y dijo: ¿No soy yo hijo de Benjamín, de la más pequeña de las tribus de Israel? Y mi familia ¿no es la más pequeña de todas las familias de la tribu de Benjamín? ¿Por qué, pues, me has dicho cosa semejante? Entonces Samuel tomó a Saúl y a su criado, los introdujo a la sala, y les dio lugar a la cabecera de los convidados, que eran unos treinta hombres. Y dijo Samuel al cocinero: Trae acá la porción que te di, la cual te dije que guardases aparte. Entonces alzó el cocinero una espaldilla, con lo que estaba sobre ella, y la puso delante de Saúl. Y Samuel dijo: He aquí lo que estaba reservado; ponlo delante de ti y come, porque para esta ocasión se te guardó, cuando dije: Yo he convidado al pueblo. Y Saúl comió aquel día con Samuel.

(1 Samuel 9:14-24)

La Biblia no nos da detalles de cuándo Saúl entregó el presente para honrar al varón de Dios, pero sí nos presenta una amplia descripción de la reacción del profeta cuando ambos se encontraron. Ese día, Dios ya tenía todo organizado. Lo que sucedió en aquel encuentro tomó a Saúl por sorpresa, pero no al profeta Samuel. El Creador ya le había revelado a su siervo todo sobre el futuro rey de Israel; incluso sobre las asnas perdidas de su padre. Además, el profeta le advierte que al día siguiente se le dirá lo más importante. Luego, cuando llegaron a cierto lugar, hizo que Saúl ocupara el primer lugar entre todos los invitados; y además de eso, el profeta llamó al cocinero y le ordenó darle a Saúl lo mejor que tenían reservado.

En su confusión, Saúl dice: *"Pero yo soy de los más pequeños"*; porque hasta ese momento no es consciente que desde que se propuso traer una honra en la mano para ver al profeta, causó que todo el cielo se moviera a favor de él. Pero lo mejor aún no había llegado, porque Saúl todavía no había entendido que su vida estaba a punto de tomar un giro para siempre. Él anda en busca de las asnas de su padre, pero Dios lo estaba esperando con una corona. Al día siguiente, se levantó muy temprano para saber lo que el profeta Samuel tenía que decir.

> *Al otro día madrugaron; y al despuntar el alba, Samuel llamó a Saúl, que estaba en el terrado, y dijo: Levántate, para que te despida. Luego se levantó Saúl, y salieron ambos, él y Samuel. Y descendiendo ellos al extremo de la ciudad, dijo Samuel a Saúl: Di al criado que se adelante (y se adelantó el criado), mas espera tú un poco para que te declare la palabra de Dios.* (1 Samuel 9:26–27)

Suena cruel, pero había que separar al criado del señor, de la misma forma que Dios tuvo que separar a Lot de Abraham para poder mostrarle la tierra prometida. Y de la misma forma que un día hubo que separar a Agar de Sara para poder levantar a Isaac, así hay momentos en los que Dios, para poder hacer algo con sus hijos, primero debe separarlos de ciertas influencias para llevarlos a nuevos niveles.

No es discriminación, es la cruda realidad que divide a aquellos que honran y los que no. Unos le llaman destino, otros le dicen suerte, y muchos lo ven como predestinación, pero en realidad tiene que ver con la decisión genuina de convertirse en un "vaso de honra" para Dios. Tiene que ver con volver a la cultura original con la que fuimos puestos en esta tierra, que es la honra. Pero ahora ha llegado la hora para Saúl.

> *Tomando entonces Samuel una redoma de aceite, la derramó sobre su cabeza, y lo besó, y le dijo: ¿No te ha ungido Jehová por príncipe sobre su pueblo Israel? Hoy, después que te hayas apartado de mí, hallarás dos hombres junto al sepulcro de Raquel, en el territorio de Benjamín, en Selsa, los cuales te dirán: Las asnas que habías ido a buscar se han hallado; tu padre ha dejado ya de inquietarse por las asnas, y está afligido por vosotros, diciendo: ¿Qué haré acerca de mi hijo? Y luego que de allí sigas más adelante, y llegues a la encina de Tabor, te saldrán al encuentro tres hombres que suben a Dios en Bet-el, llevando uno tres cabritos, otro tres tortas de pan, y el tercero una vasija de vino; los cuales, luego que te hayan saludado, te darán dos panes, los que tomarás de mano de ellos. Después de esto llegarás al collado de Dios donde está la guarnición de los filisteos; y cuando entres allá en la ciudad encontrarás una compañía de profetas que descienden del lugar alto, y delante de ellos salterio, pandero, flauta y arpa, y ellos profetizando. Entonces el Espíritu de Jehová vendrá sobre ti con poder, y profetizarás con ellos, y serás mudado en otro hombre. Y cuando te hayan sucedido estas señales, haz lo que te viniere a la mano, porque Dios está contigo.*   (1 Samuel 10:1–7)

Aquel día Saúl fue finalmente ungido por el profeta Samuel y se convirtió eventualmente en el primer rey que tuvo la nación de Israel. La Biblia dice que era el joven más alto y el más hermoso de todo el país. Pero no fueron estos los atributos por los que Dios lo escogió, sino por la intención de honrar lo divino. Y mientras se mantuvo así, gozó del respaldo de Dios y se convirtió en un héroe para toda aquella generación.

Saúl no andaba buscando un trono, sino que, en su intención de honrar a su padre, fue en busca de las asnas que a su progenitor se le habían perdido. Mientras Saúl estaba en busca de aquellos animales tuvo la oportunidad de ir a honrar al profeta de Dios. Cuando se encontró con el profeta, el cielo le tenía preparada una cosecha especial por tener un corazón dispuesto a honrar. De aquel criado que lo acompañó, nunca más se volvió a escribir.

Así Dios, por causa de aquel gesto de honra, le cambió la vida a aquel joven. Ahora el Señor sigue "buscando adoradores" que también quieran cambiar sus vidas a través de la moneda del cielo que es la honra. Personas como el patriarca Abraham, que donde quiera que llegaba levantaba un altar para Dios. Gente como el rey David, quien prometió adorar a Dios en todo tiempo (ver Salmos 34). Personas, como tantos que personalmente conozco, que supieron ordenar sus prioridades y establecer a Dios y su reino en primer lugar; no por buscar reconocimiento o premio de los hombres, sino por el transparente hecho de agradar a su Creador. Todos estos, como recompensa, han visto la bondad de Dios en la tierra.

3

ESCLAVITUD MENTAL

"Salir de Egipto es una cosa; pero que Egipto salga de
nosotros es algo completamente distinto".
—Yader Simpson

La Biblia nos relata la historia de cuando los israelitas salieron
de Egipto, después de haber estado más de cuatrocientos años
esclavos en esa nación. Moisés fue el caudillo que Dios usó para
sacarlos de allí a través de muchos milagros que el cielo le permitió hacer. Cuando los judíos empezaron su travesía hacia la
tierra prometida fueron por el desierto y les tomó cuarenta años
llegar a su destino. Lo que les tocó descubrir en el camino fue
que, a pesar de que por fin habían logrado soltarse de los grillos

y las cadenas de Egipto, todavía no habían podido ser libres de los grillos y las cadenas mentales que Egipto les había impuesto. Estuvieron caminando en círculos en un desierto, como yendo a ninguna parte, tratando de alejarse de Egipto. Pero mientras más caminaban, más evidente se hacía la realidad que salir de Egipto es una cosa; pero que Egipto saliera de ellos era algo completamente distinto.

Esto nos enseña que Egipto es mucho más que un país o una historia antigua. Egipto es más bien una cultura esclavista que existe también en nuestros tiempos y que está presente en cada sociedad, independientemente de su estatus financiero o su posición geográfica. Este sistema toma la mente de las personas y las esclaviza dentro de fortalezas mentales y grillos emocionales. Y el objetivo es el mismo: lograr que las personas trabajen de sol a sol, sin ver sus sueños hechos realidad. Aquellos que viven bajo el control mental de esta cultura se vuelven materialistas (amantes de lo material más que de lo divino) al punto que no disfrutan su vida matrimonial, ni el desarrollo y crecimiento de sus hijos. Tienen casas lindas, pero no son felices dentro de ellas. Son el tipo de gente que mientras más tiene, más insatisfechos se sienten, lo cual termina permitiendo que el sistema los controle y abuse de ellos.

También hay que tomar en cuenta que aquellos judíos que estuvieron bajo el mando de Moisés tenían la nube de Dios que estaba con ellos para guardarlos del calor, y la columna de fuego se veía todas las noches para proveerles de protección contra el crudo frío del desierto. Además, miraban milagros todos los días: maná caía del cielo para alimentarlos; agua salía de una roca para calmar su sed; sus vestidos nunca se envejecieron y aun vieron una vara seca florecer y dar frutos. Sin embargo, nada de esto fue suficiente para que su condición mental cambiara.

EL PRIMER MANDAMIENTO

La buena noticia es que los hijos de Israel eventualmente llegaron a su tierra prometida. Lo que vamos a estudiar en este capítulo nos enseñará lo que Dios hizo para ayudarles. Recordemos que Moisés llegó a Egipto con la encomienda divina de sacarlos de allí para llevarlos a una tierra mejor; y Dios hizo muchos milagros para abrir las puertas de aquel lugar. Pero cuando salieron de Egipto, en aquel mismo día, Dios lo que hizo fue darles un mandamiento.

> *Jehová habló a Moisés, diciendo: Conságrame todo primogénito. Cualquiera que abre matriz entre los hijos de Israel, así de los hombres como de los animales, mío es. Y Moisés dijo al pueblo: Tened memoria **de este día**, **en el cual habéis salido de Egipto**, de la casa de servidumbre, pues Jehová os ha sacado de aquí con mano fuerte; por tanto, no comeréis leudado. **Vosotros salís hoy** en el mes de Abib.*
>
> (Éxodo 13:1–4, énfasis del autor)

Es curioso, pero Dios nunca les dio mandamientos mientras estaban dentro de Egipto. Pero sí se los dio en el mismo momento en que están saliendo de aquel lugar. De hecho, quiero que notes que Dios entrega el mandamiento ese mismo día en que salieron de Egipto. Es como si Él hubiese estado esperándolos en la puerta de salida para darles esta ley. La forma más sencilla que tengo para explicar lo que está sucediendo es diciendo que la intención de Dios era ayudarles en una forma distinta de la que lo hizo al sacarlos. Para sacarlos de la esclavitud, Dios utilizó milagros; pero para meterlos en la tierra prometida el Señor les pidió honra, porque hacía falta más que milagros para entrar en una tierra de abundancia. Ellos lo que necesitaban era una "transformación mental". Dios es nuestro ayudador, la Biblia lo establece muy claramente en el libro de los Salmos y en muchos otros pasajes más de las Escrituras:

> *Bienaventurado aquel cuyo ayudador es el Dios de Jacob,*
> *Cuya esperanza está en Jehová su Dios.*
> *El cual hizo los cielos y la tierra,*
> *El mar, y todo lo que en ellos hay;*
> *Que guarda verdad para siempre,*
> *Que hace justicia a los agraviados, Que da pan a los*
> *hambrientos.*
> *Jehová liberta a los cautivos;*
> *Jehová abre los ojos a los ciegos; Jehová levanta a los caídos;*
> *Jehová ama a los justos.*
> *Jehová guarda a los extranjeros;*
> *Al huérfano y a la viuda sostiene,*
> *Y el camino de los impíos trastorna.*
>
> (Salmos 146:5-9)

Dios es nuestro ayudador; pero no siempre nos ayuda de la misma forma, como lo expresa el Salmo 146. Al que tiene hambre el Señor le da pan; y al que está cautivo, el Creador le da libertad, pero nunca hace lo contrario. Al que necesita vista, le abre los ojos; y al que ha caído, Dios lo levanta. Él ayuda según la necesidad, y muchas veces lo hace abriéndonos el camino, y

ÉL AYUDA SEGÚN LA NECESIDAD,

Y MUCHAS VECES LO HACE

ABRIÉNDONOS EL CAMINO,

Y OTRAS ABRIÉNDONOS

LA MENTE PARA MOSTRARNOS

EL CAMINO QUE YA ESTÁ HECHO.

otras abriéndonos la mente para mostrarnos el camino que ya está hecho.

Lo que está sucediendo en Éxodo 13 es que el Ayudador acaba de cambiar la estrategia. Para sacarlos de Egipto usó milagros; pero para sacarlos del desierto estaba usando un principio. ¿Y cuál es ese principio?; el poderoso principio de la *honra*.

Dios les estaba abriendo la mente a sus hijos a un camino que ya estaba establecido desde el Edén, cuando a Adán se le dieron principios para que honrase a Dios. Mientras Adán practicaba esos principios, toda su familia disfrutó de los beneficios de caminar en el poder de la honra. En el caso de Israel, como decíamos al principio de este capítulo, para Dios sacarlos de aquel país tuvo que hacer milagros y alimentar la fe de aquellas personas; pero para sacar la cultura y los hábitos que Egipto les había inculcado hacía falta más que milagros, había que reprogramar sus pensamientos, y esto solo podía ser posible entregándoles principios que los hicieran pensar y actuar distinto.

REPROGRAMACIÓN PARA SUS HIJOS

Recordemos que cuando ellos entraron a Egipto, fue en el tiempo de José, durante la época de "las vacas flacas". Ellos llegaron junto a su padre Jacob, y eran una familia de setenta personas (ver Génesis 46:26). En ese momento, todos creían y honraban a Dios, al punto que buscaban y recibían la bendición sacerdotal por parte de su padre Jacob. Pero pasó el tiempo y murió Jacob; y luego murió también José y toda aquella generación que había recibido la bendición de parte de Dios. Después de esto, se levantó una nueva generación que, aunque mantuvo la bendición, y por ella se multiplicaban grandemente, empezaron a cambiar su cultura y las prioridades con las que honraban al Creador cuando habían entrado a Egipto. Sin darse cuenta, al paso del tiempo, Egipto los había desprogramado. Egipto, en aquellos tiempos, era una cultura politeísta, y ni siquiera creían y mucho menos honraban al Dios de los judíos.

Lamentablemente, los israelitas terminaron descuidando la cultura y los principios que les habían inculcado sus padres Abraham, Isaac y Jacob. Dejaron de honrar al Dios verdadero y como consecuencia, no les fue nada bien. Porque, aunque eran muchos más en número que los egipcios, terminaron sirviendo y siendo esclavos de aquella nación. Esta es la razón principal por la que Dios necesitó darles un mandamiento al salir de la tierra de Egipto, porque los milagros pueden sacarlos de Egipto, pero no pueden sacar a Egipto de adentro de ellos. Para eso hace falta algo más que un milagro, necesitaban los principios divinos. En ese momento los israelitas necesitaban leyes eternas que transformaran sus pensamientos y los reprogramaran para volver a honrar a Dios.

VOLVAMOS A LA HONRA

El mandamiento que se les entregó no fue cualquiera. La estrategia divina tenía mucho sentido y razón. Él les dijo:

Jehová habló a Moisés, diciendo: Conságrame todo primogénito. Cualquiera que abre matriz entre los hijos de Israel, así de los hombres como de los animales, mío es.

(Éxodo 13:1–2)

El objetivo principal de este mandato era que sus hijos recuperaran lo más precioso que habían perdido en Egipto que era *la cultura de honra*. Habían descuidado la posición en la que Dios estaba en sus vidas. Dios no estaba buscando solamente una ofrenda, Él estaba pidiendo honra. Por eso les dice que deben darle lo primero y todo lo que abre matriz. Dios quería que ellos reorganizaran sus prioridades y le dieran a Él la más alta prioridad en sus vidas.

La meta no era solamente entrar a una tierra nueva; la idea principal es que no volvieran a cometer el mismo error que los había llevado a la esclavitud. Cuando llegaron a Egipto estaban saliendo de una situación de calamidad y llegaron a una tierra mejor, llamada Gosén; pero terminaron siendo esclavos porque se desprogramaron, dejaron de honrar a Dios y se corrompieron sus hábitos y costumbres. Ahora, para evitar repetir el ciclo y garantizar el éxito del proyecto, lo primero que Dios les da es un mandamiento para ayudarlos a mantener en orden sus prioridades y sobre todas las cosas, que lo mantengan a Él en primer lugar.

LO QUE SE PERDIÓ

Cuando Adán y Eva pecaron, no solo se afectó su vida espiritual, sino que también perdieron muchos beneficios de los que gozaban como hijos de Dios. Uno de esos beneficios era la abundancia. Dios los había colocado en un lugar donde no les faltaba nada y había todo tipo de piedras preciosas. Por si esto fuera poco, ni siquiera tenían necesidad de sudar para conseguir lo que deseaban. Las palabras escasez, necesidad, insolvencia, pobreza, hambre, dolor, crisis, no existían, porque Dios se había

EL CAMINO PARA

RECUPERAR LO QUE

DIOS NOS OFRECE ES

DARLE A DIOS LO QUE A

ÉL LE PERTENECE.

encargado de que no solamente tuvieran lo indispensable para vivir, sino que tuvieran mucho más que lo necesario, es decir, *abundancia*.

Pero el pecado de Adán y Eva trajo consecuencias devastadoras, y entre ellas las necesidades. Dios los echó de aquel paraíso en el que vivían y comenzaron a aparecer aquellas palabras que no existían. Ahora Adán y Eva tienen que sudar para satisfacer sus necesidades y se encuentran con cardos y espinos, que son elementos que causan dolor y se interponen en el camino para cosechar y andar. Cosas con las que nunca antes habían tenido que lidiar. En ese momento el plan parecía perdido; pero el propósito que Dios tuvo con ellos se mantuvo en pie. Es decir, a Adán le salieron las cosas mal, porque rompió un principio; pero a Dios no le salieron mal, porque el plan de que sus hijos experimenten abundancia se mantuvo en pie, tanto para Adán como para todo ser humano que viva en esta tierra.

RECUPEREMOS LO QUE SE PERDIÓ

Si revisamos la historia de Adán y Eva, encontraremos que lo que los mantuvo dentro de aquel paraíso fue cumplir con el principio de la honra. Mientras ellos honraron a Dios obedeciéndole y dándole el primer lugar, los beneficios estuvieron presentes y todo marchaba bien. Pero cuando lo deshonraron, todos aquellos beneficios desaparecieron. Esto nos lleva a una poderosa conclusión: el camino para recuperar lo que Dios nos ofrece es darle a Dios lo que a Él le pertenece. Si le damos a Dios lo que Él nos pide, tendremos como consecuencia lo que a nosotros nos pertenece.

Todo lo que el hombre perdió está escondido dentro de lo que se le quitó a Dios. Al devolverle a Dios su posición original en el corazón del hombre, Él le devuelve la posición original en la tierra. Cuando nosotros le damos a Dios la honra y la prioridad que le hemos quitado, Él nos devuelve la abundancia y todos los beneficios que hemos perdido. Es a eso lo que se refiere el rey Salomón en Proverbios 3:

> Honra a Jehová con tus bienes,
> Y con las primicias de todos tus frutos;
> Y serán llenos tus graneros con abundancia,
> Y tus lagares rebosarán de mosto.
>
> (Proverbios 3:9–10)

HACIA LA TIERRA PROMETIDA

Empezamos este capítulo diciendo que Dios sacó a los judíos de Egipto con el firme propósito de darles la tierra que Él había prometido a Abraham y su descendencia. Para ayudarles a entrar necesitaban más que milagros, tenían que cumplir con el principio de la honra. Aunque Dios hizo muchos milagros para ayudarles, el plan era que ellos adoptaran una cultura que los llevaría a transformar para siempre sus pensamientos y los de sus generaciones. La idea no era solamente darles la tierra prometida, sino esculpir en sus mentes la capacidad de tomarla, poseerla y pasarla como herencia a sus generaciones; todo lo contrario de lo que ocurrió en Egipto, Dios quería que ellos poseyeran la tierra en vez de que la tierra los terminara poseyendo a ellos.

Recuperar la tierra prometida no era difícil, ni tomaría cuarenta años de travesía; lo que tomó tiempo fue lograr transformar sus pensamientos y elevarlos a ese nivel, donde la buena voluntad de Dios se cumple de forma automática sin que el esfuerzo sea masivo. La Biblia dice:

> *No os conforméis a este siglo, sino transformaos por medio de la renovación de vuestro entendimiento, para que comprobéis cuál sea la buena voluntad de Dios, agradable y perfecta.* (Romanos 12:2)

Dios hoy sigue obrando de la misma manera. Su plan es guiar a todos sus hijos, a través del Espíritu Santo y su Palabra, para que le devuelvan la posición de honra que Él merece. Dios quiere depositar en nosotros una cultura de honra, que produzca una transformación radical en nuestra forma de pensar y que a su vez pueda ser practicada en los hogares; además de que sea transferida a las próximas generaciones. Ese fue el plan con Adán y su familia; ese fue el plan con los judíos al sacarlos de Egipto; y ese sigue siendo el plan de Dios para todos nosotros el día de hoy.

LA IDEA NO ERA SOLAMENTE

DARLES LA TIERRA PROMETIDA,

SINO ESCULPIR EN SUS MENTES

LA CAPACIDAD DE TOMARLA,

POSEERLA Y PASARLA COMO

HERENCIA A SUS GENERACIONES.

4

DONDE HAY HONRA

Si, pues, soy yo tu padre, ¿dónde está mi honra?
(Dice Jehová en Malaquías 1:6)

Uno de los sentimientos más gratificantes que puede experimentar un ser humano es cuando vuelve a la tierra donde nació y hace algo por los menos afortunados. El poder dar de lo que hemos recibido y ser útiles para aliviar las penas de aquellos que pasan necesidades desencadena un enorme derroche de emociones positivas, que son capaces de sacar lágrimas de satisfacción y alegría. He tenido la oportunidad de vivir esta experiencia muchas veces en mi vida. Vivo en Estados Unidos desde hace más de tres décadas y he realizado muchos viajes a mi país de nacimiento, Nicaragua, con la intención de hacer algo para ayudar y dar una mano a las personas de bajos recursos. Hemos organizado brigadas de ayuda junto a mi esposa y a la hermosa comunidad donde somos pastores. Hemos llevado alimentos, artículos de primera necesidad, ropa para las familias, útiles escolares y juguetes para los niños. A manera de testimonio puedo decir que Jesús estaba hablando muy en serio cuando dijo: *"Más bienaventurado es dar que recibir"* (Hechos 20:35).

Sin embargo, hay una historia en la Biblia en la que el mismo Jesús trató de bendecir al pueblo donde se crio, precisamente con la intención de hacer no solamente algo por ellos, sino mucho. El desenlace es sorprendente. El relato se encuentra en el evangelio de Marcos capítulo 6:

> *Salió Jesús de allí y vino a su tierra, y le seguían sus discípulos. Y llegado el día de reposo, comenzó a enseñar en la sinagoga; y muchos, oyéndole, se admiraban, y decían: ¿De dónde tiene éste estas cosas? ¿Y qué sabiduría es esta que le es dada, y estos milagros que por sus manos son hechos? ¿No es éste el carpintero, hijo de María, hermano de Jacobo, de José, de Judas y de Simón? ¿No están también aquí con nosotros sus hermanas? Y se escandalizaban de él. Mas Jesús les decía: No hay profeta sin honra sino en su propia tierra, y entre sus parientes, y en su casa. Y no pudo hacer allí ningún milagro, salvo que sanó a unos pocos enfermos, poniendo sobre ellos las manos. Y estaba asombrado de la incredulidad de ellos. Y recorría las aldeas de alrededor, enseñando.*   (Marcos 6:1–6)

Para poder entender mejor lo que está ocurriendo en el momento que Jesús llegó a Nazaret, es importante hacer un breve recorrido de su recién iniciado ministerio, que está en un auge impresionante. De inicio, al final del capítulo 4 del evangelio de Marcos, Jesús realiza uno de los milagros más sobresalientes de su ministerio cuando en medio de una travesía sobre el mar de Galilea se desató una tempestad, al punto de que la barca se estaba hundiendo porque las olas eran muy altas y caían dentro de la embarcación.

La Biblia dice que los discípulos, espantados de miedo, tuvieron que despertar a Jesús, y cuando Él se levantó reprendió el viento y le habló al mar para que se callara, e inmediatamente se calmó la tempestad y se hizo bonanza. Los mismos discípulos estaban tan sorprendidos por lo que acababa de ocurrir, que despavoridos se preguntaron entre ellos mismos: *"¿Quién es éste, que aun el viento y el mar le obedecen?"* (Marcos 4:35–41).

Inmediatamente, terminada aquella travesía, llegaron a la tierra de Gadara, y cuando bajaron de la barca les salió al encuentro un hombre que estaba poseído por una legión de demonios, al punto que andaba desnudo, vivía en un cementerio y se agredía a sí mismo con piedras. Por supuesto que hubo intentos de ayudarlo, tratando de controlar aquella conducta errática y antisocial, pero por más que lo intentaban no podían. Las cadenas y los grilletes que le ponían los hacía pedazos con la fuerza descomunal que lo poseía. Lo interesante es que cuando Jesús bajó de la barca, aquel hombre perturbado y enloquecido vino corriendo hasta Él, cayó postrado a sus pies y lo adoró. Cuando el Señor reconoció lo que estaba ocurriendo, reprendió a los demonios y aquel hombre recuperó de inmediato su juicio cabal. Cuando la gente de la ciudad se enteró de lo ocurrido, vinieron hasta el sitio del milagro y encontraron al exendemoniado sentado junto a Jesús, vestido elegantemente y teniendo conversaciones coherentes con Él. ¡No lo podían creer! (ver Marcos 5:1–20).

Luego, Jesús salió de Gadara, cruzó nuevamente el mar de Galilea, y cuando llegó a la orilla había una gran multitud esperándolo. Entonces, llegó a aquella reunión un principal de la sinagoga llamado Jairo, y postrado en tierra le pidió que viniera a su casa a sanar a su hija, quien tan solo tenía doce años y agonizaba. El Señor accedió a la petición y comenzó a moverse en esa dirección; la gente que lo estaba esperando en la orilla del mar decidió seguirlo, y eran tantos, que apretaban a Jesús tratando de acercase a Él. Es en ese preciso momento que ocurre algo impresionante; aparece en escena una mujer que desde hacía doce años padecía de una rara enfermedad que la mantenía sangrando constantemente. Aunque ella había buscado ayuda de muchos médicos y se había gastado toda su fortuna procurando sanidad, no había logrado su objetivo; por el contrario, empeoraba cada día más. Alguien le había hablado de Jesús y sus milagros, por lo que decidió ir e intentar tocarlo para sanarse.

Todo esto ocurrió en el momento en que Jesús se dirigía hacia la casa del señor Jairo entre la multitud que lo apretaba. Cuando de repente, esta mujer, de forma casi inexplicable, se arrastró por en medio de la gente y logró llegar hasta el centro de aquella muchedumbre y tocar la punta del manto que el Señor llevaba puesto. Al tocarlo, inmediatamente su cuerpo recibió sanidad y se frenó el sangrado. Jesús entonces se detuvo porque se dio cuenta de que poder había salido de Él, y la mujer que recibió el milagro comenzó a contar su historia. Toda aquella multitud estaba atónita celebrando lo acontecido, porque con solo tocar el borde del manto, doce años de martirio habían quedado atrás (ver Marcos 5:21–34).

Mientras la muchedumbre celebraba el testimonio, llegaron de la casa del principal de la sinagoga a decirle que su hija acababa de fallecer y que ya no hacía falta que Jesús fuera a hacer la oración. El Señor se enteró de la noticia y le dijo a Jairo: *"No temas, cree solamente"*. Acto seguido, fueron hasta la casa del principal y allí encontraron a otra multitud de personas desconsoladas y llorando la muerte de la niña. Jesús trató de consolarles diciéndoles que la niña solamente dormía, pero ellos comenzaron a burlarse de Él, porque ya habían visto el cadáver y comprobado lo acontecido. En ese momento, Jesús le pidió a Jairo y a su esposa que lo llevaran a donde estaba el cuerpo de la joven, y al entrar al cuarto tomó a la niña de la mano y le dijo estas palabras: *"Talita cumi; que traducido es: Niña, a ti te digo, levántate"*. Al instante, la jovencita se levantó, sus padres la recibieron, y toda aquella multitud estaba atónita ante aquel gigantesco milagro (ver Marcos 5:35–42).

NO PUDO

Debido a todos estos acontecimientos, Jesús se encontraba en un momento muy importante de su carrera ministerial. Su popularidad iba en ascenso y las multitudes lo perseguían adonde quiera que iba. El niño que había crecido en una carpintería, ahora es admirado y aplaudido por muchísima gente y su mensaje está siendo bien recibido porque veían las señales que respaldaban sus palabras. Es en este momento que Jesús decide ir a Nazaret, la tierra donde se había criado, con la verdadera intención de hacer muchos milagros entre ellos, pero eso no ocurrió así:

> Y **no pudo** *hacer allí ningún milagro, salvo que sanó a unos pocos enfermos, poniendo sobre ellos las manos. Y estaba asombrado de la incredulidad de ellos. Y recorría las aldeas de alrededor, enseñando.*
>
> (Marcos 6:5–6, énfasis del autor)

Permítame decirle, querido lector, que en mi humilde opinión esta es una de las porciones de las Escrituras nada fácil de comprender a lo largo de toda la Biblia. Estamos hablando de Jesucristo el Todopoderoso, del Creador de las galaxias y el universo; del que dijo: "Sea la luz", y la luz fue. Estamos hablando del que acaba de levantar a una niña que había muerto y también sanado a una mujer que la ciencia había desechado. Estamos hablando de Dios hecho hombre y que además dijo: *"Toda potestad me es dada en el cielo y en la tierra"* (Mateo 28:18), y ahora leemos que ¡¿"no pudo"?!

LA RAZÓN

La pregunta que nos resta por contestar es: ¿por qué no pudo? ¿Qué es eso más fuerte que la intención de Dios? ¿Qué puede detener al Todopoderoso de hacer algo? Para encontrar la respuesta debemos revisar una vez más el pasaje de Marcos, específicamente el verso que está antes de decirnos que no pudo.

*Mas Jesús les decía: No hay profeta **sin honra** sino en su propia tierra, y entre sus parientes, y en su casa. Y no pudo hacer allí ningún milagro, salvo que sanó a unos pocos enfermos, poniendo sobre ellos las manos. Y estaba asombrado de la incredulidad de ellos. Y recorría las aldeas de alrededor, enseñando.* (Marcos 6:4–6, énfasis del autor)

La Biblia nos explica que la razón por la que "no pudo" fue porque no encontró honra en el lugar donde quiso hacer los milagros. Además, dice el verso 6 que estaba asombrado de la incredulidad de ellos. Porque la deshonra y la incredulidad siempre van de la mano. No se puede honrar aquello en lo que no se cree. En otras palabras, se necesita cierto nivel de fe en algo o en alguien para poder honrarle.

La fe nos lleva a honrar, valorar y respetar lo que creemos. La honra es sencillamente una expresión de la confianza que tenemos en esa persona. Cuando desaparece la honra es porque ya hace mucho tiempo que desapareció la confianza. Esto se aplica en todas las esferas de la vida. Tomemos por ejemplo a un hijo cuya confianza ha sido lastimada muchas veces por la conducta de su padre. El resultado inevitable será la falta de respeto y de honra que manifestará ese hijo con el tiempo. Por el contrario, si un padre, a través de su conducta ha despertado confianza en el corazón de su hijo, tarde o temprano esa confianza será expresada en honra, valor y respeto para ese papá.

Estas lecciones me han llevado a entender que es de suma importancia que como sociedad recuperemos y cultivemos en los hogares una cultura de honra. No podemos seguir frenando la mano de Dios de hacer muchos milagros entre nosotros. Vivo convencido de que Dios solamente puede manifestarse en ambientes de honra, porque Él honra a los que le honran. Me pregunto: ¿cuántas veces habremos dejado a Dios con la intención de hacer mucho por nosotros? ¿Cuántos milagros hemos dejado de ver por falta de honra?

EN EL PRINCIPIO

Cuando Dios puso al hombre en la tierra le entregó todo; lo hizo señor de todo lo que había sido creado en el planeta. Pero dejó algo reservado para Él mismo.

> *Y mandó Jehová Dios al hombre, diciendo:* **De todo** *árbol del huerto podrás comer; mas del árbol de la ciencia del bien y del mal no comerás; porque el día que de él comieres, ciertamente morirás.*
>
> (Génesis 2:16–17, énfasis del autor)

El mandato era sencillo. Adán necesitaba aprender a respetar lo que era de Dios y así vivir, él y su familia, dentro de una cultura de honra; una cultura donde se fomentaba la prioridad que Dios ocupaba en sus vidas. Eso, por consecuencia, hacía que todo lo demás en la creación marchara bien. Fue así que mientras hubo honra en Edén, también hubo salud, abundancia, amor, armonía, eternidad, felicidad. Los hijos de Dios no tenían necesidad de pedir nada, porque todo les había sido dado dentro de aquel ambiente de honra y respeto.

Pero un día se les acercó un ser malvado; este ser ya había causado un malestar en el cielo cuando él mismo deshonró a Dios y quiso que la honra se desviara hacia él. En aquel tiempo celestial ese ser se llamaba Lucifer, que significa "ángel de luz";

CUANDO LA HONRA SE

ESTABLECE COMO CULTURA,

LOS MILAGROS SON ASUNTO

DE TODOS LOS DÍAS.

pero la deshonra lo llevó a perder sus privilegios y terminó lla-
mándose "príncipe de las tinieblas", también conocido como
Satanás. Ahora este ser malvado se acercó a los hijos de Dios
para corromper sus pensamientos y desorganizar la cultura de
honra en la cual habitaban. Satanás sabía cómo hacerlo, él había
guiado a la tercera parte de los ángeles a hacer lo mismo. De la
misma manera, guio también a Adán y a Eva a tocar lo que Dios
dijo que no tocaran. Desde entonces muchos de los privilegios
de los que el hombre gozaba en la tierra desaparecieron y, como
consecuencia, aparecieron las enfermedades, los desacuerdos,
la desconfianza, la envidia, los celos, la muerte, las lágrimas, el
dolor y más.

Pienso que la estrategia del enemigo no ha cambiado. Él
insiste en tratar de alterar nuestros pensamientos para que
deshonremos a Dios. El enemigo sabe que una cultura de deshonra trae graves consecuencias y por eso quiere llevar a los
hombres en esa dirección. Pero también es cierto que Dios y
sus planes no han cambiado. Al igual que en Marcos capítulo
6, Él sigue visitando su tierra con la intención de hacer muchos
milagros y bendecirnos. Por esta razón insisto en que debemos
recuperar una cultura de honra y ser intencionales en procurar
y fomentar en nuestros hogares ambientes de honra, que lleven
a nuestras generaciones a honrar a Dios y darle lo que a Él le
pertenece.

Cada vez que el día domingo tomamos a nuestra familia de
la mano y la guiamos a la iglesia, estamos fomentando una cultura de honra. Cada vez que nuestros hijos nos ven adorando
en la iglesia, estamos fomentando la honra. Cuando entrega-
mos el diezmo al Señor y apoyamos financieramente su obra

en la tierra, estamos promoviendo una cultura de honra. Y algo muy importante, cuando la honra se establece como cultura, los milagros son asunto de todos los días.

5

LA GUÍA DEL ESPÍRITU SANTO

"Cuando Dios es el guía, la victoria es segura".
—Oscar Agüero

Nací en Nicaragua, un país bellísimo, pero considerado como tercermundista por su prolongada situación financiera a nivel nacional. Se define una nación tercermundista cuando la economía de ese territorio es aquella donde el producto interno bruto es más bajo, así como registra alto desempleo, infraestructura de mala calidad, bajo nivel educativo, alta desnutrición, salud pública de poca calidad, entre otras variables relacionadas al desarrollo. Viví en Nicaragua hasta los veinte años de edad, que fue cuando me mudé a Estados Unidos. En el tiempo de mi infancia, mi familia era muy pobre y además vivíamos en un barrio de situación precaria. A pesar de las muchas limitaciones que nos tocó atravesar, siempre fuimos una bonita familia, y tuve la dicha de tener padres que fueron extraordinariamente buenos conmigo. Ellos me enseñaron cosas importantes para la vida, como trabajar desde muy temprano.

En aquel tiempo, una costumbre que había en todas las casas de mi barrio era reusar los galones vacíos de leche y las botellas grandes de soda cuando están vacías para recolectar agua. La razón era porque en Nicaragua sucedía que el suministro de agua potable era interrumpido varias veces a la semana en la zona donde vivíamos, por eso, cada vez que se desocupaba un recipiente grande lo usábamos para almacenar agua. De esa manera, si el suministro faltaba, siempre habría agua almacenada para casos de emergencia.

Lo cómico de esta historia es que cuando me mudé a Estados Unidos y me terminé el primer galón de leche, hice con el recipiente desocupado lo mismo que siempre hacía cuando vivía en Nicaragua. Lo guardé para usarlo luego, en caso de que hiciera falta. También hice lo mismo con la botella de dos litros de soda que se desocupó y con otro galón vacío de leche. Así guardé muchos recipientes; hasta que un día me di cuenta de que tenía los gabinetes llenos de botellas vacías, y no los estaba usando, porque en Estados Unidos el suministro de agua no lo interrumpen como en el lugar donde me crie en Nicaragua.

Lo que estaba pasando conmigo era un fenómeno de cultura; sí, aunque cómico, es algo muy común en aquellos que hemos emigrado de nuestros países e introducido a otra cultura, donde los hábitos y comportamientos son distintos. Mis padres no tuvieron mala intención, simplemente me pasaron códigos de comportamiento que les fueron útiles a ellos en su momento. Mi responsabilidad era *reaprender*, renovar mi entendimiento, volver a entrenar mi mente para ajustar mis hábitos a la nueva cultura donde ahora vivía. Pero hacerlo *solo* era una misión en la que sufriría por los errores debidos al aprendizaje.

Creo firmemente que cuando Jesús dijo las palabras: "*No os dejaré huérfanos*" (Juan 14:18), en referencia a la promesa de enviar su Espíritu Santo a morar en nosotros, estaba manifestando el plan original que Dios tuvo con Adán. El plan era guiar a sus hijos para que sus vidas fuesen una expresión de honra al Señor desde la tierra.

Creo que la intención de Dios se mantiene hasta el día de hoy. Él quiere dirigir nuestras vidas a través de su Espíritu y ayudarnos a caminar para agradarlo y honrarlo en todo lo que hacemos.

LA MISIÓN DEL ESPÍRITU SANTO

Al estudiar la Biblia he descubierto que cada una de las historias que nos presenta, cada parábola que nos cuenta, todas las leyes que nos entrega, y aun todos los testimonios que se escribieron en ella, tienen una sola meta: establecer a Dios como el centro y lo más importante de nuestras vidas. Sabemos que la Biblia fue escrita por unos cuarenta hombres de diversas procedencias y a través de un periodo de 1500 años. Algunos de esos escritores fueron profetas, otros sacerdotes, alguno fue cobrador de impuestos, otros pescadores, y uno de ellos fabricante

LA BIBLIA MANTIENE LA MISMA

LÍNEA DE PENSAMIENTO Y ESTABLECE

LA MISMA IDEA ESENCIAL,

QUE ES DIOS COMO EL REY DE TODO,

ÚNICO Y ABSOLUTO CREADOR,

Y EL FOCO INSUPERABLE DE LA

ADORACIÓN Y LA HONRA.

de tiendas. También hubo entre ellos reyes, jueces, pastores de ovejas, y también encontramos a un médico. Pero lo interesante es cómo a través de los quince siglos que tomó escribirla, la Biblia mantiene la misma línea de pensamiento y establece la misma idea esencial, que es Dios como el Rey de todo, único y absoluto Creador, y el foco insuperable de la adoración y la honra. No hay otra figura, en toda la Santa Escritura, a la que se resalte tanto y se establezca como lo principal y lo más importante como lo es Dios.

¿Cómo es que todos estos hombres pudieron escribir todas estas cartas e historias y coincidir en el tema? No eran amigos, ni conocidos. ¡Hay siglos de diferencia entre unos y otros! La respuesta, amable lector, es sencilla: fueron inspirados por la misma persona, y el nombre de esa persona es Espíritu Santo. La Biblia dice:

> *Ningún profeta habló por su propia cuenta. Al contrario, todos ellos hablaron de parte de Dios y fueron guiados por el Espíritu Santo.*   (2 Pedro 1:21, TLA)

Todas estas personas que escribieron la Biblia, siendo inspiradas por el Espíritu Santo, nos hablaron del mismo Dios y nos entregaron el mismo mensaje. El mensaje es este: el Dios de la Biblia, creador de todo lo que existe, eterno y soberano, es merecedor de toda honra, gloria y alabanza. Él es el único y sabio omnipotente Dios.

El mismo Señor Jesús, quien es Dios hecho hombre, hablando sobre la obra del Espíritu Santo en la tierra, dijo lo siguiente:

El me glorificará; porque tomará de lo mío, y os lo hará saber. Todo lo que tiene el Padre es mío; por eso dije que tomará de lo mío, y os lo hará saber.

(Juan 16:14–15, énfasis del autor)

Esta declaración tiene mucha importancia, porque nos advierte que la obra del Espíritu Santo es "glorificar" al único Dios. Además, establece que el objetivo de Dios al darnos su Espíritu va más allá de una experiencia emocional. Dicha experiencia tiene su importancia y su momento, pero no es la intención original. Lo que el Señor Jesús nos advierte es que su propósito original al ungir a los hijos de Dios es guiarlos a una cultura de honra, donde las prioridades y decisiones estén orientadas a establecer a Dios como lo más importante en sus vidas.

Junto a mi amada esposa nos toca viajar por muchos lugares dando charlas y conferencias sobre nuestros libros. Cada vez que nos toca entrar a una iglesia, es de notar que el orden no cambia: hay alabanza, adoración y ofrendas que honran a Dios. Este diseño que se repite en todas las iglesias cristianas del mundo se debe a que el Señor de las iglesias es el mismo y su guía es el Espíritu Santo.

SU LLEGADA

El libro de Hechos de los Apóstoles nos relata lo que sucedió el día que el Espíritu Santo fue derramado por primera vez en lo que era, en ese momento, la recién nacida iglesia de Jesucristo en Jerusalén.

Cuando llegó el día de Pentecostés, estaban todos unáni-
mes juntos. Y de repente vino del cielo un estruendo como
de un viento recio que soplaba, el cual llenó toda la casa
donde estaban sentados; y se les aparecieron lenguas repar-
tidas, como de fuego, asentándose sobre cada uno de ellos.
Y fueron todos llenos del Espíritu Santo, y comenzaron a
*hablar en otras lenguas, **según el Espíritu les daba que***
hablasen.   (Hechos 2:1–4, énfasis del autor)

La llegada del Espíritu Santo hizo un impacto en aquel
grupo de discípulos. Habían estado encerrados, por instrucción
del Señor, sin salir de aquel lugar denominado *aposento alto* por
unos diez días. De repente sucedió algo sobrenatural y fueron
todos llenos del Espíritu Santo. Lo curioso que ocurrió es que
todos aquellos fueron llenos del Espíritu Santo y comenzaron a
hablar en otros idiomas, según el Espíritu les daba para hablar.
La pregunta es: ¿qué hablaban?, ¿qué decían? Esto es lo que ocurrió en esos momentos con los demás que estaban allí:

Moraban entonces en Jerusalén judíos, varones piadosos, de
todas las naciones bajo el cielo. Y hecho este estruendo, se
juntó la multitud; y estaban confusos, porque cada uno les
oía hablar en su propia lengua. Y estaban atónitos y mara-
villados, diciendo: Mirad, ¿no son galileos todos estos que
hablan? ¿Cómo, pues, les oímos nosotros hablar cada uno
en nuestra lengua en la que hemos nacido? Partos, medos,
elamitas, y los que habitamos en Mesopotamia, en Judea,
en Capadocia, en el Ponto y en Asia, en Frigia y Panfilia,
en Egipto y en las regiones de África más allá de Cirene,
y romanos aquí residentes, tanto judíos como prosélitos,

*cretenses y árabes, **les oímos hablar en nuestras lenguas las maravillas de Dios**. Y estaban todos atónitos y perplejos, diciéndose unos a otros: ¿Qué quiere decir esto?*

(Hechos 2:5–12, énfasis del autor)

Sencillamente ¡impresionante! Era un grupo de ciento veinte personas y todos ellos estaban siendo inspirados a hablar por el mismo Espíritu. Aunque no todos hablaban el mismo idioma, sin embargo, todos decían lo mismo, hablaban de "las maravillas de Dios". No sé usted, amado lector, pero esto a mí me asombra muchísimo. El Espíritu de Dios mantiene la misma línea, independientemente del punto geográfico o del momento en la historia; no tiene que ver con el nivel de educación de la persona, ni con la raza o país donde nació; tampoco hace ninguna diferencia la edad que tenga la persona o si es del sexo femenino o masculino, una vez que el Espíritu Santo lo llena, siempre será para guiarnos en la misma dirección: *glorificar a Dios*.

Tal y como ocurrió con las personas que Dios inspiró para escribir la Biblia, cada vez que el Espíritu Santo llenó a alguien, el resultado fue el mismo: honrar a Dios. En el mismo libro de los Hechos, pero esta vez en el capítulo 10, el apóstol Pedro le estaba predicando a un grupo de personas, quienes, por cierto, ni siquiera eran judíos; y mientras Él les estaba ministrando, el Espíritu se derramó sobre todos los que lo oían y de inmediato se dio el mismo fenómeno.

Mientras aún hablaba Pedro estas palabras, el Espíritu Santo cayó sobre todos los que oían el discurso. Y los fieles de la circuncisión que habían venido con Pedro se quedaron *atónitos de que también sobre los gentiles se derramase el don del Espíritu Santo. Porque los oían que **hablaban en lenguas, y que magnificaban a Dios.***

(Hechos 10:44–46, énfasis del autor)

El Espíritu Santo no cambia y su obra en la tierra tampoco. Él fue enviado para establecer, donde sea que llegue, una cultura de honra. Todo lo que hacemos, mientras esté siendo guiado por el Espíritu, se verá marcado por ese inconfundible propósito que es honrar a Dios. A eso se refería el apóstol Pablo cuando escribió lo siguiente:

Por tanto, os hago saber que nadie que hable por el Espíritu de Dios llama anatema a Jesús; y nadie puede llamar a Jesús Señor, sino por el Espíritu Santo.

(1 Corintios 12:3)

EL EJEMPLO DE DAVID

Uno de los personajes bíblicos más destacados en la Biblia y ungidos por el Espíritu Santo es el salmista David, quien se dio a conocer por su coraje y valentía al enfrentar a un gigante que tuvo aterrorizada a toda la nación de Israel por cuarenta días. Al paso de los años se convirtió en el rey de la nación; conquistó territorios y ganó muchas batallas importantes con su ejército. Pero lo que llama la atención es que sus credenciales en el cielo fueron muy diferentes a las de la tierra. Aquí en la tierra era rey, esforzado, valiente, guerrero, músico, vigoroso, bien parecido, pero en el cielo se le conoce por el título de: *"Hombre conforme al corazón de Dios".* Y la pregunta es: ¿qué hacía al rey David tan especial para que Dios le diera ese título? ¿Qué puede hacer un ser humano para llegar a tener un corazón tan parecido al de Dios? La respuesta la encontramos en un pasaje del libro de Hechos que dice así:

> *Quitado éste, les levantó por rey a David, de quien dio también testimonio diciendo: He hallado a David hijo de Isaí, varón conforme a mi corazón, quien hará todo lo que yo quiero.*   (Hechos 13:22)

La Biblia dice que la razón de tan distinguido título era porque David hacía lo que Dios quería. En la versión *La Biblia, Palabra de Dios para todos* dice: "Me agrada porque está dispuesto a hacer todo lo que yo le diga".

Esto nos enseña que muchas cosas que David hizo fueron por obediencia a la voz del Espíritu Santo. Para él, agradar a Dios era de alta prioridad. Someter sus gustos y aun sus sentimientos para complacer a Dios hicieron de David una persona sobresaliente en el cielo. Por ello escribió:

> *El hacer tu voluntad, Dios mío, me ha agradado, y tu ley está en medio de mi corazón.*   (Salmos 40:8)

Y también:

> *Enséñame a hacer tu voluntad, porque tú eres mi Dios; Tu buen Espíritu me guíe a tierra de rectitud.*
>   (Salmos 143:10)

Esto es muy importante, porque cuando Dios guía, no siempre será de acuerdo con nuestro entendimiento. De hecho, muchas veces nos llevará a hacer cosas que la razón no apruebe, o incluso que la opinión pública reproche. David admitía ser guiado por el Espíritu Santo, y decía que lo conducía a hacer su voluntad. Esto nos ayuda a entender por qué muchas veces el salmista escribía cosas que desafiaban la lógica humana, y una de ellas es la que dice en el Salmo 34, cuando hizo el poderoso compromiso de alabar y honrar a Dios en toda temporada.

Bendeciré a Jehová en todo tiempo; Su alabanza estará de continuo en mi boca.   (Salmos 34:1)

Los teólogos afirman que el salmista David escribió las palabras del Salmo 34 durante uno de los momentos más difíciles de su historia. Hasta unos días antes de escribir esto, él había estado viviendo en el palacio real, después de derrotar a Goliat. En ese momento, David gozaba de una altísima popularidad en el país, y también estaba sirviendo como capitán del ejército del rey Saúl. Además estaba casado con la hija de este. Pero el rey Saúl, en algún momento perdió su salud mental y quiso matar a David varias veces. A causa de aquellas amenazas de muerte es que el salmista se ve obligado a huir del palacio y empezar a buscar refugio en otros lugares donde no lo reconocieran y lo entregaran a su rey. Después de muchos días deambulando en las selvas, por fin encontró un lugar donde se sentía seguro, era una caverna llamada "la cueva de Adulam" (ver 1 Samuel 22).

Ir de menos a más es una experiencia cargada de hermosas emociones positivas para cualquier ser humano, y capaz de arrancar sonidos de júbilo y alegría de nuestra garganta. Pero cuando a alguien le sucede lo contrario y debe mudarse de un palacio a una cueva, las emociones y sentimientos cambian drásticamente. Muchas personas suelen sentirse abochornadas y apesadumbradas por el hecho de sentirse que están perdiendo, como si la vida estuviera yendo en la dirección equivocada. David escribe el Salmo 34 precisamente en el momento que le tocó abandonar las comodidades del palacio para refugiarse en la cueva de Adulam, y estando allí escribe esta poderosa declaración:

> *Bendeciré a Jehová en todo tiempo; Su alabanza estará de continuo en mi boca.* (Salmos 34:1)

Son estas palabras las que, en mi opinión, hacen que David llegue a ser conocido en el cielo como "el hombre conforme al corazón de Dios", porque el salmista, guiado por el Espíritu Santo, se comprometió a honrar a Dios a pesar de lo que estaba viviendo. No es que el corazón de David no sintiera dolor, es que Dios lo estaba guiando a adorar a pesar de eso. No es que el salmista no estuviera triste por todo lo que atravesaba, es que el Señor le estaba moviendo a alabar y honrar en vez de quejarse y desmayar. Esto es lo que significa ser una persona conforme al corazón de Dios: aquella que elige hacer lo que Él indica en vez de lo que el corazón humano siente. Esto es obediencia absoluta y honra total.

De eso se trata la honra. Son gestos de obediencia al Espíritu Santo, aun cuando nuestro razonamiento humano nos invita a ir en otra dirección. Las cosas no tienen que salir bien para elegir resaltar la majestad de Dios, porque su grandeza y realeza siguen en pie a pesar de lo que nosotros atravesemos.

NECESITAMOS APRENDER A

ALABAR EN VEZ DE LLORAR,

ADORAR EN VEZ DE QUEJARNOS,

Y SEGUIR SIRVIENDO EN

VEZ DE RENDIRNOS.

Necesitamos aprender a alabar en vez de llorar, adorar en vez de quejarnos, y seguir sirviendo en vez de rendirnos. Porque honra es poner a Dios antes que a nosotros, y romper por completo con nuestra autocomplacencia para agradar y obedecer al Rey primero. A eso se refería el apóstol Pablo cuando escribió:

Porque todos los que son guiados por el Espíritu de Dios, estos son hijos de Dios.   (Romanos 8:14)

Hace falta *la guía* del Espíritu para comportarse como hijo de Dios. No hay forma en que podamos hacerlo bajo nuestra propia fuerza, y aun menos con nuestros sentimientos; tiene que ser Dios en nosotros.

Tal como mencioné en el comienzo de este capítulo, sobre mi experiencia al mudarme a Estados Unidos y la necesidad de transformar mis pensamientos para practicar una nueva cultura compatible con el lugar donde estaba viviendo, todos nosotros debemos experimentar una transformación de cultura para movernos en el reino de los cielos. Dicha transformación debe ser guiada y efectuada por el Espíritu de Dios en nosotros. Adán podía hacer todo lo que hizo porque Dios había soplado en él. Mientras se mantuvo sujeto a esa voz, todo marchó bien y pudo vivir como hijo de Dios. Ahora el desafío es que nosotros podamos hacer lo mismo que hizo el salmista y colocar nuestras prioridades en orden para obedecer al Espíritu Santo.

6

LA LLAVE MAESTRA

Y a ti te daré las llaves del reino de los cielos; y todo lo que
atares en la tierra será atado en los cielos; y todo lo que
desatares en la tierra será desatado en los cielos.
—Palabras de Jesucristo en Mateo 16:19

Nunca olvidaré el día que me tocó aprender lo que significa el término "llave maestra". Esto sucedió cuando tenía 16 años de edad y servía como rescatista voluntario en la Cruz Roja de mi país de nacimiento, Nicaragua. Me tocaba estar un fin de semana atendiendo un balneario, a unas dos horas en las afueras de la capital. En su momento, este balneario era uno de los lugares más visitados del país. Allí había un hotel con varios edificios que ocupaban los turistas y visitantes para disfrutar de las playas.

Al grupo de socorristas que habíamos llegado para ayudar ante cualquier emergencia, nos hospedaron en uno de esos edificios y nos dieron una habitación para cada uno de nosotros. Nos registramos y cada uno de los socorristas recibió una llave para su habitación. Después de haber acomodado nuestras pertenencias, la orden del líder de aquel grupo de salvavidas fue que nos encontráramos en la playa para distribuir el trabajo de aquel fin de semana.

Una vez en que nos reunimos en la playa, nos dieron las instrucciones y el horario que nos tocaba a cada uno. Mi turno no empezaba hasta unas horas más tarde, por lo que el líder me dijo que podía retirarme a descansar mientras tanto. Cuando volví a mi habitación me di cuenta de que estaba ante un momento que lucía muy trágico para mí: había olvidado la llave dentro de mi habitación. A decir verdad, era la primera vez que me estaba hospedando en un hotel; estaba sumamente asustado porque pensaba que me iban a llamar la atención.

En ese momento pasó uno de los miembros del personal que atendía el hotel y le dije lo que estaba sucediendo. Su respuesta fue: "Ve con tal persona, porque él tiene la llave maestra". "¿La llave maestra?", le pregunté con mucha confusión, pues era la primera vez que escuchaba ese término en mis dieciséis años de vida. Me respondió: "Sí, la llave que abre todas las puertas". Fui a donde me indicaron, y aquella persona, muy amablemente, vino y me abrió la puerta con su "llave maestra" y mi gran problema se solucionó.

Aquella experiencia me enseñó que, así como hay una llave para cada puerta, también existe una llave que puede abrir todas las puertas. Era muy joven para saberlo en ese momento, pero con el tiempo descubrí que cada hotel, y muchos otros establecimientos que tienen muchas puertas, deben tener una llave maestra. Hay hoteles que tienen cientos y a veces miles de puertas; una llave maestra sin duda les facilita el trabajo, pues no se necesita tener tantas llaves en la mano al mismo tiempo, sino que una sola les abre todas las puertas que necesitan abrir.

LA REINA DE SABÁ

En la Biblia hay una historia de una mujer que descubrió el principio espiritual de la llave maestra hace miles de años, y le funcionó a la perfección. No sabemos su nombre, pero la conocemos como la reina de Sabá, que vino a visitar al rey Salomón. Aquella visita tenía el objetivo de obtener respuestas. La Biblia dice que eran difíciles. Leamos la historia que se encuentra en el libro de Crónicas:

Oyendo la reina de Sabá la fama de Salomón, vino a Jerusalén con un séquito muy grande, con camellos cargados de especias aromáticas, oro en abundancia, y piedras preciosas, para probar a Salomón con preguntas difíciles. Y luego que vino a Salomón, habló con él todo lo que en su corazón tenía. Pero Salomón les respondió a todas sus preguntas, y nada hubo que Salomón no le contestase. Y viendo la reina de Sabá la sabiduría de Salomón, y la casa que había edificado, y las viandas de su mesa, las habitaciones de sus oficiales, el estado de sus criados y los vestidos de ellos, sus maestresalas y sus vestidos, y la escalinata por donde subía a la casa de Jehová, se quedó asombrada. Y dijo al rey: Verdad es lo que había oído en mi tierra acerca de tus cosas y de tu sabiduría; pero yo no creía las palabras de ellos, hasta que he venido, y mis ojos han visto; y he aquí que ni aun la mitad de la grandeza de tu sabiduría me había sido dicha; porque tú superas la fama que yo había oído. Bienaventurados tus hombres, y dichosos estos siervos tuyos que están siempre delante de ti, y oyen tu sabiduría. Bendito sea Jehová tu Dios, el cual se ha agradado de ti para ponerte sobre su trono como rey para Jehová tu Dios; por cuanto tu Dios amó a Israel para afirmarlo perpetuamente, por eso te ha puesto por rey sobre ellos, para que hagas juicio y justicia. Y dio al rey ciento veinte talentos de oro, y gran cantidad de especias aromáticas, y piedras preciosas; nunca hubo tales especias aromáticas como las que dio la reina de Sabá al rey Salomón. También los siervos de Hiram y los siervos de Salomón, que habían traído el oro de Ofir, trajeron madera de sándalo, y piedras preciosas. Y de la madera de sándalo el rey hizo gradas en la casa de Jehová y en las casas reales, y arpas y salterios para los cantores; nunca en la tierra de Judá se había visto madera semejante. Y el rey Salomón dio a la reina de Sabá todo lo que ella quiso y le pidió, más de lo que ella había traído al rey. Después ella se volvió y se fue a su tierra con sus siervos.   (2 Crónicas 9:1–12)

Ella vino desde muy lejos, con un gran equipo y camellos cargados, porque necesitaba respuestas y según le habían hablado, el rey Salomón se las podía facilitar. Hay algo que debemos señalar dentro de esta historia, y es que ella no era la única persona interesada en entrevistarse con el hijo del rey David. Según la Biblia, había muchísima gente más que deseaba hacer lo mismo.

Y todos los reyes de la tierra procuraban ver el rostro de Salomón, para oír la sabiduría que Dios le había dado. Cada uno de éstos traía su presente, alhajas de plata, alhajas de oro, vestidos, armas, perfumes, caballos y mulos, todos los años. (2 Crónicas 9:23–24)

Además de "todos los reyes", también "toda la tierra".

Toda la tierra procuraba ver la cara de Salomón, para oír la sabiduría que Dios había puesto en su corazón.
(1 Reyes 10:24)

Quiero que note una palabra que se repite en el caso de "todos los reyes" y "toda la tierra" y es que ambos *procuraban*; es decir, hacían gestiones, trataban, buscaban la forma, "tocaban la puerta", pero no necesariamente lo lograban. Después de todo, el rey Salomón era solo un ser humano, que tenía la capacidad de atender cierta cantidad de gente dentro de su ocupada agenda como rey.

El punto es que la puerta del palacio del hijo del rey David estaba todo el tiempo llena de gente que procuraba verle, pero no todos lo lograban. Sin embargo, la reina de Sabá llegó y solamente tuvo que tocar la puerta una sola vez y se le abrió.

LO QUE MARCA LA DIFERENCIA

La pregunta que debemos contestar es: ¿qué fue lo que hizo la diferencia? ¿Por qué ella sí logró entrar y muchos otros no?

La respuesta la encontramos en la forma en que se presentaron al tocar la puerta. Todos los reyes, y toda la gente que quería ver al hijo del rey David, venían a tocar la puerta con un presente en la mano. Pero la reina de Sabá, desde que salió de su tierra, vino preparada con una actitud de honra para el rey y que la Biblia menciona que era extraordinaria. La idea de ella no era solamente darle algo, sino honrarlo, al punto de impresionarlo con lo que le ofrecía.

> *Y dio al rey ciento veinte talentos de oro, y gran cantidad de especias aromáticas, y piedras preciosas; **nunca hubo tales especias aromáticas** como las que dio la reina de Sabá al rey Salomón.* (2 Crónicas 9:9, énfasis del autor)

LA DIFERENCIA ENTRE DAR Y HONRAR

La reina de Sabá vino, no solamente con la intención de darle algo, sino de honrarle con lo mejor. Llegó con cosas extraordinarias.

Cuando los demás reyes y toda la tierra se presentaban en la puerta del palacio del rey Salomón, todos traían algo en la mano, pero no todos traían honra. La diferencia está en que todos dan, pero no significa que todos dan honra al hacerlo. Dar y honrar son dos cosas distintas; en lo único que son semejantes es que tanto en el dar como en el honrar, hay un traspaso. Pero en el fondo, estos principios son muy distintos por causa de los

DAR PUEDE SER UN ACTO

DE AGRADECIMIENTO.

HONRAR ES UN

ACTO DE RECONOCIMIENTO.

sentimientos, intenciones, propósitos y fines de la persona que está honrando o dando.

DAR Y HONRAR

+ Cuando damos, lo hacemos por lo que tenemos. Cuando honramos, es por lo que la otra persona merece.

+ Cuando damos, podemos esperar algo a cambio. Cuando honramos, lo hacemos sin interés.

+ El dar se puede hacer en cualquier momento. El honrar se hace al comienzo, nunca al final.

+ Dar puede ser un acto de agradecimiento. Honrar es un acto de reconocimiento.

+ Podemos dar para sentirnos bien. La honra es para que la otra persona se sienta bien.

+ El dar pudiera no significar dolor para quien lo hace. La honra sí, porque implica sacrificio.

+ Se puede dar cualquier cosa. La honra siempre se hace con lo más valioso.

La reina de Sabá llegó con honra y de inmediato se le abrió la puerta principal. Una vez que la puerta del palacio del rey se abre, ella obtiene todas sus respuestas.

Pero Salomón le respondió a todas sus preguntas, y nada hubo que Salomón no le contestase. (2 Crónicas 9:2)

TODAS LAS PUERTAS

Como usted recordará, amable lector, empezamos hablando en este capítulo sobre "la llave maestra". Dijimos que esta fue la llave que usó la reina de Sabá. Ella entró al palacio; luego consiguió todas sus respuestas. Lo que más me impresiona de la historia no es que se le haya abierto la puerta principal, sino que todas las demás puertas también se le abrieron:

> *Y viendo la reina de Sabá la sabiduría de Salomón, y la casa que había edificado, y las viandas de su mesa, las habitaciones de sus oficiales, el estado de sus criados y los vestidos de ellos, sus maestresalas y sus vestidos, y la escalinata por donde subía a la casa de Jehová, se quedó asombrada.*
>
> (2 Crónicas 9:3–4)

Cuando un dignatario visita a otro, usualmente no va a las habitaciones de los empleados de aquel gobierno; pero en el caso de la reina de Sabá, después de entrar al palacio real, luego fue al comedor, y luego pasó a "las habitaciones de los oficiales del rey". Dios nos regala esta referencia en la historia porque quería mostrarnos un detalle importante, y es que a la reina de Sabá se le terminaron abriendo todas las puertas. Ella descubrió la llave maestra, la honra. Ella no tuvo que tocar esas puertas, simplemente se le abrieron solas, además de obtener todas las respuestas.

LA RECOMPENSA

Hay algo más en la historia de la reina de Sabá que no podemos pasar por alto, y es que, a la hora de despedirse y volverse a su tierra, no se va con las manos vacías porque en ella debe cumplirse un principio que el mismo rey Salomón había escrito, inspirado por el Espíritu Santo:

> **Honra** *a Jehová con tus bienes,*
> *Y con las primicias de todos tus frutos;*
> *Y **serán llenos tus graneros con abundancia**,*
> *Y tus lagares rebosarán de mosto.*
> (Proverbios 3:9–10, énfasis del autor)

Mientras la reina de Sabá se estaba despidiendo del rey Salomón, él no le permitió irse con las manos vacías.

> *Y el rey Salomón dio a la reina de Sabá todo lo que ella quiso y le pidió, **más de lo que ella había traído** al rey. Después ella se volvió y se fue a su tierra con sus siervos.*
> (2 Crónicas 9:12, énfasis del autor)

Vino al palacio cargada con honra; y se devolvió a su tierra súper cargada con todo lo que quiso, más con todo lo que pidió, y además con todo lo que el rey quiso darle. Como conclusión, se regresó con mucho más de lo que había traído para honrar al rey Salomón.

A eso se refería el hijo del rey David cuando escribió en Proverbios 3:9–10, que la honra trae abundancia como consecuencia.

SIEMPRE MÁS

Lo poderoso de la llave maestra es que todas las puertas se abren, no solo las que pidamos, sino aun las que no hemos pedido o considerado. En el próximo capítulo veremos cómo el rey Salomón había descubierto esa llave mucho antes de ser visitado por la reina de Sabá, así como las poderosas consecuencias que vivió por honrar a Dios.

CAÍN Y ABEL

La lección que me propongo transmitir es que debemos aprender a honrar a Dios por sobre todas las cosas. Muchísima gente vive frustrada, parada frente a puertas que jamás se abrieron, porque nunca descubrieron la llave que abre todas las puertas. Aquellos que estudiamos la Biblia sabemos que tanto Caín como Abel dieron, pero solo uno de ellos lo hizo dando honra, y como consecuencia a uno se le abrieron las puertas, mientras que al otro se le cerraron. Esto cuenta la historia bíblica:

> Conoció Adán a su mujer Eva, la cual concibió y dio a luz a Caín, y dijo: Por voluntad de Jehová he adquirido varón. Después dio a luz a su hermano Abel. Y Abel fue pastor de ovejas, y Caín fue labrador de la tierra. Y aconteció andando el tiempo, que Caín trajo del fruto de la tierra una ofrenda a Jehová. Y Abel trajo también de los primogénitos de sus ovejas, de lo más gordo de ellas. Y miró Jehová con agrado a Abel y a su ofrenda; pero no miró con agrado a Caín y a la ofrenda suya. Y se ensañó Caín en gran manera, y decayó su semblante. (Génesis 4:1–5)

Estamos hablando de la primera ofrenda registrada en la Biblia para Dios. De hecho, Dios no pidió que se le diera, ellos voluntariamente la ofrecieron. Pero algo pasó que hizo que Dios reaccionara de forma diferente ante ambos. Había una marcada diferencia entre las dos ofrendas. Para saber cuál era la diferencia, debemos prestarle atención a la frase *"aconteció andando el tiempo"*.

El tiempo tiene un efecto en lo que ofrecemos. Caín era labrador de la tierra; mientras que Abel era pastor de ovejas. Caín trajo del fruto de la tierra, porque eso era lo que él hacía; Abel trajo de sus ovejas. Pero el tiempo tiene su efecto. En el caso de Caín, cuando pasa el tiempo, el fruto de la tierra se madura y se pudre. En el caso de Abel, al pasar el tiempo las ovejas se ponen gordas y grandes.

Esto nos muestra que hay ofrendas que, para que sean consideradas honra, no se puede dejar pasar el tiempo. Hay otras que lo mejor es dejar pasar el tiempo para ofrecerle a Dios lo mejor.

En el caso de Caín, tenía que haberla ofrecido inmediatamente para que las frutas estuvieran frescas y agradables; no debía haber dejado pasar el tiempo. Abel, por su parte, dejó pasar el tiempo para permitir que las ovejas se engordaran, y ese gesto agradó a Dios.

PUERTAS CERRADAS

Caín se enojó mucho cuando se dio cuenta que su ofrenda no fue agradable y cometió el grave error de asesinar a su hermano. A partir de ese momento se vio frente a todas las puertas cerradas, al punto que le tocó andar *errante* de lugar en lugar y como extranjero, sin tener nunca donde habitar.

*Y dijo Caín a su hermano Abel: Salgamos al campo. Y acontecíó que estando ellos en el campo, Caín se levantó contra su hermano Abel, y lo mató. Y Jehová dijo a Caín: ¿Dónde está Abel tu hermano? Y él respondió: No sé. ¿Soy yo acaso guarda de mi hermano? Y él le dijo: ¿Qué has hecho? La voz de la sangre de tu hermano clama a mí desde la tierra. Ahora, pues, maldito seas tú de la tierra, que abrió su boca para recibir de tu mano la sangre de tu hermano. Cuando labres la tierra, no te volverá a dar su fuerza; errante y extranjero serás en la tierra. Y dijo Caín a Jehová: Grande es mi castigo para ser soportado. He aquí me echas hoy de la tierra, y de tu presencia me esconderé, y **seré errante y extranjero** en la tierra; y sucederá que cualquiera que me hallare, me matará.*

(Génesis 4:8–14, énfasis del autor)

EL PRIMER LUGAR

La suerte que corrió Abel fue distinta, porque lo que hizo para Dios no solo le abrió las puertas para que en todo lugar se hable de él, sino que en el mismo cielo el Señor da testimonio de lo que hizo. Aún más, cuando Dios quiso dejar un registro de sus héroes más sobresalientes en la historia bíblica, entre los que se encuentran gente como el rey David, Abraham, Sara, Moisés, Gedeón, Jefté, Samuel y otros más, encontramos que a quien Dios quiso otorgarle el honroso primer lugar en esa lista fue a Abel. El escritor de la epístola a los Hebreos lo dice así:

Por la fe Abel ofreció a Dios más excelente sacrificio que Caín, por lo cual alcanzó testimonio de que era justo, dando

> *Dios testimonio de sus ofrendas; y muerto, aún habla por*
> *ella.*   (Hebreos 11:4)

Utilizar la llave maestra no es una ciencia especial. Es simplemente cuestión de una cultura que está al alcance de todos, de hábitos que hacen a gente sencilla llegar a ser sobresalientes. Tal como la reina de Sabá, quien por su gesto su historia alcanzó un espacio en las Sagradas Escrituras.

Ese fue el caso del rey Salomón, quien está considerado haber llegado a ser la persona más sabia, después de Jesucristo, que ha vivido en esta tierra. También, el que más riquezas ha acumulado en la historia de la raza humana. Le invito a leer el próximo capítulo para que veamos cómo utilizó la llave maestra el hijo del rey David.

7

MUCHO MÁS

"Existe un poder en la honra que la mayoría de nosotros necesitamos descubrir y aprovechar".
—Noemí Simpson

En cierta ocasión, sostuve una conversación con una persona sobre el éxito financiero que muchos han logrado. Inevitablemente, la conversación llegó al tema del rey Salomón, quien afirma la Biblia y lo certifican los récords, llegó a ser el hombre más rico que ha existido y existirá en la historia de la raza humana. Mientras conversábamos sobre el hijo del rey David, le hice una pregunta a mi interlocutor, y le dije: "¿Cuál cree usted que fue el secreto de Salomón?", y me contestó: "La sabiduría". A lo que yo, con mucho respeto, reviré: "No es eso lo que enseña la Biblia. Las Escrituras muestran que la sabiduría fue una consecuencia de su gran secreto".

Cuando vi que la persona mostró una cara de admiración y sorpresa, aproveché para abundar un poco más en el tema. Le dije: "El secreto del rey Salomón fue su gran corazón para honrar. Su vida es uno de los más grandes ejemplos de una cultura de honra, que comienza con la que le mostró a Dios al ponerlo en primer lugar. Como consecuencia de su determinación a honrar y agradar a Dios le fue dada la sabiduría y todo el éxito que logró".

Después de aquella conversación, he tenido la oportunidad de hacerles a muchas personas la misma pregunta, y para mi sorpresa, he visto que la mayoría de la gente piensa de la misma manera respecto al rey Salomón y su éxito. En este capítulo vamos a abundar en el tema de "la llave maestra", lo que le sirvió a Salomón y a tantos otros para lograr sus sueños.

EL PODEROSO SECRETO DEL REY SALOMÓN

En el capítulo anterior estudiamos la historia de la reina de Sabá, y cómo ella practicó el uso de la llave maestra, de la honra, cuando llegó a visitar al rey Salomón. Además, vimos cómo por haberse presentado con honra para el rey, no solo le abrió la puerta principal del palacio, sino que se le terminaron abriendo todas las demás puertas.

Lo poderoso de la honra, como llave maestra, es que abre todas las puertas, no solo las que pedimos o tocamos, sino aun las que no hemos pedido ni tocado. El rey Salomón había descubierto esa llave mucho antes de ser visitado por la reina de Sabá. La Biblia cuenta la historia de cuando comenzó a reinar el hijo de David y de lo que hizo en su primer acto como rey de Israel al subir al monte Gabaón y ofrecerle a Dios mil holocaustos.

Subió, pues, Salomón allá delante de Jehová, al altar de bronce que estaba en el tabernáculo de reunión, y ofreció sobre él mil holocaustos. Y aquella noche apareció Dios a Salomón y le dijo: Pídeme lo que quieras que yo te dé. Y Salomón dijo a Dios: Tú has tenido con David mi padre gran misericordia, y a mí me has puesto por rey en lugar suyo. Confírmese pues, ahora, oh Jehová Dios, tu palabra dada a David mi padre; porque tú me has puesto por rey sobre un pueblo numeroso como el polvo de la tierra. Dame ahora sabiduría y ciencia, para presentarme delante de este pueblo; porque ¿quién podrá gobernar a este tu pueblo tan grande? Y dijo Dios a Salomón: Por cuanto hubo esto en tu corazón, y no pediste riquezas, bienes o gloria, ni la vida de los que te quieren mal, ni pediste muchos días, sino que has pedido para ti sabiduría y ciencia para gobernar a mi pueblo, sobre el cual te he puesto por rey, sabiduría y ciencia te son dadas; y también te daré riquezas, bienes y gloria, como nunca tuvieron los reyes que han sido antes de ti, ni tendrán los que vengan después de ti.

(2 Crónicas 1:6–12)

UN POCO DE HISTORIA

La historia del rey Salomón, con su sabiduría y su éxito, es una de las más admirables en la Biblia. Cuando se analiza desde sus comienzos, es cuando lo sucedido causa aún más admiración.

Salomón, además de ser el último hijo del rey David, nació después de un escándalo moral que empañó la reputación y gobierno del hombre conocido como "uno conforme al corazón de Dios".

Todos los hijos del rey David fueron conocidos por destrezas asombrosas, y, por supuesto, todos tenían la ambición de llegar algún día a heredar el trono que ocupaba su padre. Algunos de ellos estaban dispuestos a todo con tal de quedarse con el trono, al punto de traicionar y sabotear el puesto de su mismo padre, el rey David. Pero en el caso de Salomón, además de ser el más pequeño, no gozaba de las habilidades para ocupar el trono. Esto lo reconoció su papá y lo habló en distintas ocasiones.

Entonces dijo David: "Mi hijo Salomón es joven e inmaduro, y la casa que se ha de edificar al Señor ha de ser grande y sublime, para renombre y gloria en todos los países. Yo, pues, haré los preparativos para él". Y antes de su muerte David hizo muchísimos preparativos.

(1 Crónicas 22:5, RVA-2015)

Después el rey David dijo a toda la congregación: "Sólo a mi hijo Salomón ha elegido Dios. Él es joven e inmaduro,

y la obra es grande; porque el templo no será para hombre
sino para Señor Dios. (1 Crónicas 29:1, RVA-2015)

Es decir, Salomón no fue escogido por ser el mejor, ni por ser el mayor como usualmente se hacía en aquellos tiempos. Por el contrario, era el menor de todos sus hermanos y además era "joven e inmaduro". La palabra joven en hebreo es la palabra *naar*, y significa: adolescente, que le falta preparación. La palabra inmaduro en hebreo es *rak*, y significa: débil, frágil.

Así es que tenemos a un muchacho que nace de una relación que no tuvo un buen comienzo, además no tiene la preparación necesaria, es inmaduro, no tiene el reconocimiento que tienen sus hermanos y es el menor de todos. Pero, por encima de todas esas limitantes, Dios lo escoge para ser rey; y ahora que llega al trono, tiene el reto de construir un majestuoso templo y gobernar la nación.

EL USO DE LA LLAVE MAESTRA

El rey Salomón, al verse ante mayúsculo desafío, convocó a su equipo y se fue al monte llamado Gabaón, llevando consigo mil holocaustos para ofrecérselos a Dios. En ningún momento la Biblia nos dice que él subió a pedir sabiduría; su intención fue ofrecerle a Dios holocaustos. Aquella acción fue simple y sencillamente un acto de honra al Creador.

Salomón, en su momento, vio a David su padre y cómo este honró a Dios y las consecuencias de haberlo hecho. Fueron, seguramente, muchas las veces que lo vio entrar al templo a ofrecer sacrificios. Vio al rey David hacer arreglos para que "el arca de Dios" tuviese alabanza y adoración de continuo. Además, lo vio dar toda su fortuna para la construcción del templo y se dio cuenta de que a su padre le fue muy bien. Ahora le toca a él mismo continuar con la cultura que su padre practicaba. Por eso sube a ofrecer holocaustos y a honrar a su Señor.

Las consecuencias de aquel acto fueron impresionantes. Al rey Salomón, tal como le ocurre a todo el que usa la llave maestra, también se le abrieron todas las puertas cuando Dios le dijo: *"Pídeme lo que quieras que yo te dé"* (2 Crónicas 1:7, énfasis del autor). Se le dio sabiduría y, además, todas las cosas que no pidió.

> *Sabiduría y ciencia te son dadas; y también te daré riquezas, bienes y gloria, como nunca tuvieron los reyes que han sido antes de ti, ni tendrán los que vengan después de ti.*
>
> (2 Crónicas 1:12)

Así funciona la honra; es una llave maestra, porque termina abriendo todas las puertas. Salomón solamente le pidió a Dios sabiduría para reinar, y al igual que en la historia de la reina de Sabá, el Señor le terminó dando lo que pidió y aún mucho más de lo que había pedido. Por eso es por lo que el mismo rey Salomón, inspirado por el Espíritu Santo, escribió lo siguiente:

> *Honra a Jehová con tus bienes,*
> *Y con las primicias de todos tus frutos;*
> *Y serán llenos tus graneros con abundancia,*
> *Y tus lagares rebosarán de mosto.*
>
> (Proverbios 3:9–10)

LA HONRA

La palabra *honra* que aparece en los escritos del sabio Salomón en Proverbios 3:9 es la palabra hebrea *kabod*, y es un verbo que significa "peso", y también se traduce como glorificar, hacer lucir a alguien grande e importante por causa del peso que causa su influencia. Significa, además, proclamar la majestad de una persona. Es también publicar alabanzas sobre una personalidad. La palabra "peso" se refiere al impacto positivo que causa alguien en un lugar. También tiene que ver con reconocer "la dignidad" que carga una persona.

El rey Salomón vivió al pie de la letra su proverbio, porque fue sumamente elegante con honrar al Dios de los cielos.

+ Su primer acto como rey fue ir al monte Gabaón, donde estaba el arca, y ofrecer allí mil holocaustos.

+ Fue quien construyó el templo más majestuoso que ha existido en la historia de la raza humana.

+ En la dedicación del templo sacrificó 120 000 ovejas y 22 000 bueyes. (ver 2 Crónicas 7:4–5)

+ El día que trasladó el arca al templo ofreció tantos sacrificios que no se pudieron contar. (ver 2 Crónicas 5:6)

+ Todos los años subía tres veces a adorar y sacrificar holocaustos. (ver 1 Reyes 9:25)

+ Salomón impresionó a la reina de Sabá con las ofrendas que ofrecía. (ver 1 Reyes 10:5)

EL CASO DE JOB

Como lo hemos venido diciendo, todos los grandes de la Biblia fueron personas que en su momento descubrieron esta llave poderosa y supieron usarla. Uno de ellos es el patriarca Job. Su historia es muy conocida por todas las pruebas que tuvo que superar. Pero veamos qué fue lo que desencadenó todo.

> *Hubo en tierra de Uz un varón llamado Job; y era este hombre perfecto y recto, temeroso de Dios y apartado del mal. Y le nacieron siete hijos y tres hijas. Su hacienda era siete mil ovejas, tres mil camellos, quinientas yuntas de bueyes, quinientas asnas, y muchísimos criados; y era aquel varón más grande que todos los orientales. E iban sus hijos y hacían banquetes en sus casas, cada uno en su día; y enviaban a llamar a sus tres hermanas para que comiesen y bebiesen con ellos. Y acontecía que habiendo pasado en turno los días del convite, Job enviaba y los santificaba, y* **se levantaba de mañana y ofrecía holocaustos** *conforme al número de todos ellos. Porque decía Job: Quizá habrán pecado mis hijos, y habrán blasfemado contra Dios en sus corazones.* **De esta manera hacía todos los días.**
>
> (Job 1:1–5, énfasis del autor)

Job era más grande que todos los orientales, porque era el que se levantaba todos los días a ofrecer holocaustos. Job tenía diez hijos, y presentaba un holocausto por cada uno de ellos, así es que ofrecía diez holocaustos todos los días por la mañana. En un año eran tres mil seiscientos cincuenta holocaustos. Pero Job no era el único que sabía cuál era la fuente de su éxito; el enemigo había montado vigilancia en la vida del patriarca con el objetivo de destruirla.

Un día vinieron a presentarse delante de Jehová los hijos de Dios, entre los cuales vino también Satanás. Y dijo Jehová a Satanás: ¿De dónde vienes? Respondiendo Satanás a Jehová, dijo: De rodear la tierra y de andar por ella. Y Jehová dijo a Satanás: ¿No has considerado a mi siervo Job, que no hay otro como él en la tierra, varón perfecto y recto, temeroso de Dios y apartado del mal? Respondiendo Satanás a Jehová, dijo: ¿Acaso teme Job a Dios de balde? ¿No le has cercado alrededor a él y a su casa y a todo lo que tiene? Al trabajo de sus manos has dado bendición; por tanto, sus bienes han aumentado sobre la tierra.

(Job 1:6–10)

Satanás sabía que la honra producía tres cosas en la vida de Job:

Sabía que Job no honraba a Dios de balde.

¿Acaso teme Job a Dios de balde?   (Job 1:9)

La palabra "teme" es el término hebreo *yare*, que significa: honor, reverencia y respeto.

Sabía que, por causa de su honra, Dios tenía cercado a Job y a su casa.

¿No le has cercado alrededor a él y a su casa y a todo lo que tiene?   (Job 1:10)

Sabía que, por causa de su honra a Dios, había bendición en el trabajo de sus manos y eso estaba produciendo mucha prosperidad en la vida de Job.

Al trabajo de sus manos has dado bendición; por tanto, sus bienes han aumentado sobre la tierra.   (Job 1:10)

EL ATAQUE

Es impresionante, pero parece ser que Satanás sabe más de honra que muchos de nosotros. La razón de que lo sabe es porque cuando todavía era un "ángel de luz" y vivía en el cielo, su función era honrar a Dios con alabanzas, música y adoración. Mientras era un ángel de luz y cumplía su función como adorador, se mantenía como el sello de la perfección, acabado en hermosura y lleno de sabiduría (ver Ezequiel 28:11). Pero cuando pensó en desviar la honra hacia sí mismo y quitársela al Creador, inmediatamente todo cambió y no solamente fue expulsado del cielo, sino que todos sus beneficios y privilegios también se perdieron. Dejó de ser ángel de luz para llegar a ser príncipe de las tinieblas, y ahora en vez de una criatura llena de hermosura, es el espanto de las naciones.

Satanás sabía muy bien que la *honra* es *la llave maestra* que produce grandes y poderosos resultados para el que la ofrece. Por eso, cuando le fue dada la autorización de atacar a Job, él sabía muy bien por donde comenzar.

Pero extiende ahora tu mano y toca todo lo que tiene, y verás si no blasfema contra ti en tu misma presencia. Dijo Jehová a Satanás: He aquí, todo lo que tiene está en tu mano; solamente no pongas tu mano sobre él. Y salió Satanás de delante de Jehová. Y un día aconteció que sus hijos e hijas (los de Job) comían y bebían vino en casa de su hermano el primogénito, y vino un mensajero a Job, y le dijo: Estaban arando los bueyes, y las asnas paciendo cerca de ellos, y acometieron los sabeos y los tomaron, y mataron a los criados a filo de espada; solamente escapé yo para darte la noticia. Aún estaba éste hablando, cuando vino otro que dijo: Fuego de Dios cayó del cielo, que quemó las ovejas y a los pastores, y los consumió; solamente escapé yo para darte la noticia. Todavía estaba éste hablando, y vino otro que dijo: Los caldeos hicieron tres escuadrones, y arremetieron contra los camellos y se los llevaron, y mataron a los criados a filo de espada; y solamente escapé yo para darte la noticia. Entre tanto que éste hablaba, vino otro que dijo: Tus hijos y tus hijas estaban comiendo y bebiendo vino en casa de su hermano el primogénito; y un gran viento vino del lado del desierto y azotó las cuatro esquinas de la casa, la cual cayó sobre los jóvenes, y murieron; y solamente escapé yo para darte la noticia. (Job 1:11–19)

El ataque del enemigo tenía como objetivo desestabilizar la honra que Job estaba ofreciendo a Dios; esta es la razón por la que las cosas ocurrieron así:

1. Los sabeos tomaron los bueyes de Job, luego las asnas, y mataron a los criados.

2. Un incendio quemó y mató primero las ovejas de Job; luego el fuego mató a los hombres que las pastoreaban.

3.   Tres escuadrones de caldeos arremetieron contra los camellos de Job y se los llevaron; después mataron a los criados a filo de espada.

4.   Una especie de tornado impactó la casa donde estaban todos los hijos de Job reunidos y murieron todos al desplomarse el edificio.

Note que el ataque comienza siempre por los animales y específicamente por aquellos que se ofrecían en holocausto. Es curioso, pero lo último que el diablo tocó fue a los hijos de Job. En mi humilde opinión, y siendo padre de dos hermosos hijos, si la intención era causarle dolor a Job, el enemigo tenía que haber comenzado por los hijos, porque es una de las cosas que más dolor causa en el corazón de los seres humanos. Sin embargo, Satanás empieza su ataque por los bueyes, luego por las ovejas y después con los camellos, porque su objetivo era destruir a Job por completo, quitándole aquello que ofrecía todos los días a Dios para honrarlo.

El enemigo sabía que la fuente del bienestar y la prosperidad de Job era la honra que le daba a Dios a diario. Por eso la estrategia era comenzar por los animales, porque al final, lo que pretendía era quitar de las manos de Job la llave maestra. Estas fueron las palabras que le dijo el diablo a Dios:

> *Pero extiende ahora tu mano y toca todo lo que tiene, y verás si no blasfema contra ti en tu misma presencia.*
>
> (Job 1:11)

Por supuesto que a Satanás le salieron las cosas mal, porque la honra no es algo que se expresa solamente con lo que una persona tiene en los bolsillos, sino que comienza con lo que esa persona carga en el corazón. Esta fue la reacción de Job cuando finalizó aquella primera ronda de ataques:

> *Entonces Job se levantó, y rasgó su manto, y rasuró su cabeza, y **se postró en tierra y adoró**, y dijo: Desnudo salí del vientre de mi madre, y desnudo volveré allá. Jehová dio, y Jehová quitó; **sea el nombre de Jehová bendito**. En todo esto no pecó Job, ni atribuyó a Dios despropósito alguno.*
>
> (Job 1:20–22, énfasis del autor)

SEGUNDA RONDA DE ATAQUES

Satanás no se quedó de brazos cruzados ante su fallido intento por quitarle a Job de sus manos la llave maestra de la honra. Así es que volvió a pedir autorización para regresar a la vida de Job con una segunda ronda de ataques. Esta vez estaba dispuesto a utilizar todo tipo de armas.

> *Aconteció que otro día vinieron los hijos de Dios para presentarse delante de Jehová, y Satanás vino también entre ellos presentándose delante de Jehová. Y dijo Jehová a Satanás: ¿De dónde vienes? Respondió Satanás a Jehová, y dijo: De rodear la tierra, y de andar por ella. Y Jehová dijo a Satanás: ¿No has considerado a mi siervo Job, que no hay otro como él en la tierra, varón perfecto y recto, temeroso de Dios y apartado del mal, y que todavía retiene su integridad, aun cuando tú me incitaste contra él para que lo arruinara sin causa? Respondiendo Satanás, dijo a Jehová: Piel por piel, todo lo que el hombre tiene dará por su vida. Pero*

extiende ahora tu mano, y toca su hueso y su carne, y verás si no blasfema contra ti en tu misma presencia. Y Jehová dijo a Satanás: He aquí, él está en tu mano; mas guarda su vida. (Job 2:1–6)

En esta segunda ronda el enemigo decide comenzar por la salud. La razón es obvia: cuando terminó la primera ronda y Job se vio con las manos vacías, procedió a adorar a Dios con su cuerpo, porque honra es más que una ofrenda, es una cultura. Honra es un hábito que se construye día a día, como lo hacía Job antes de que los ataques comenzaran. Una vez que la cultura está establecida, nada de lo que esté ocurriendo la detiene. Por eso Job procede a adorar con su cuerpo.

*Entonces Job se levantó, y rasgó su manto, y rasuró su cabeza, y **se postró en tierra y adoró**.*

(Job 1:20, énfasis del autor)

Es así como Satanás, después de haber conseguido la autorización, tocó la salud física de Job.

Entonces salió Satanás de la presencia de Jehová, e hirió a Job con una sarna maligna desde la planta del pie hasta la coronilla de la cabeza. Y tomaba Job un tiesto para rascarse con él, y estaba sentado en medio de ceniza. (Job 2:7–8)

Ahora es un momento crucial para Job. Sus negocios ya no están, sus hijos han muerto, y su salud está gravemente afectada. Su condición era tan grave que llegó un punto donde él deseaba la muerte, por causa de tanto dolor físico y emocional. Es en ese momento que su esposa le suelta uno de los dardos emocionales y psicológicos más fuertes que puede recibir un hombre (porque el apoyo más importante de un hombre siempre será el de su esposa). Ella está dispuesta a ser una columna espiritual y emocional imprescindible para su esposo, como ayuda idónea. En el caso de la mujer de Job, no podemos pasar por alto que ella también está lamentando la cruda realidad de haber perdido a sus diez hijos en un solo día. Por eso se dirige a Job con palabras que seguramente en ese momento ella no calculó muy bien. Le dijo:

> *Entonces le dijo su mujer: ¿Aún retienes tu integridad?*
> *Maldice a Dios, y muérete.* (Job 2:9)

Aquello parecía un golpe mortal. Me imagino a Satanás riéndose al anticipar su victoria, porque esperaba que la influencia de aquel corazón enlutado y destrozado por el dolor de perder a todos sus hijos en un solo día lograra quitar de Job la cultura de honra. Las palabras de la esposa de Job fueron: "Maldice a Dios y muérete". Porque, así como la honra produce vida y bendición, la deshonra produce muerte y tragedias. Tal como le ocurrió a Lucifer, después de haber sido ángel de luz, ahora es el príncipe de las tinieblas; y sus seguidores, después de haber sido ángeles de Dios, ahora son demonios de la oscuridad.

Pero la respuesta de Job sorprendió a todos, cuando dijo:

> *Y él le dijo: Como suele hablar cualquiera de las mujeres*
> *fatuas, has hablado. ¿Qué? ¿Recibiremos de Dios el bien, y*
> *el mal no lo recibiremos? En todo esto no pecó Job con sus*
> *labios.* (Job 2:10)

HONRA ES MÁS QUE UNA OFRENDA,

ES UNA CULTURA.

La prueba de Job se prolongó por un tiempo, y como a cualquier ser humano le hubiera ocurrido, después de pasar todas aquellas tragedias, su mundo emocional se le afectó y en algún momento expresó su dolor en forma de quejas. Lo que nunca se vio afectado fue su fe y amor por Dios. Job nunca cedió la llave maestra. Por eso él quiso dejar registradas ciertas palabras y pidió que se escribieran en un libro imborrable, y Dios se lo concedió y están escritas en la Biblia:

¡Quién diese ahora que mis palabras fuesen escritas!
¡Quién diese que se escribiesen en un libro;
Que con cincel de hierro y con plomo
¡Fuesen esculpidas en piedra para siempre!
Yo sé que mi Redentor vive,
Y al fin se levantará sobre el polvo;
Y después de deshecha esta mi piel,
en mi carne he de ver a Dios;
Al cual veré por mí mismo, y mis ojos lo verán, y no otro,
aunque mi corazón desfallece dentro de mí.

        (Job 19:23–27, énfasis del autor)

Job, a pesar de sus múltiples tragedias, insistía en seguir "levantando el nombre de Dios" y persistía en ponerlo en alto. No estaba dispuesto a ceder la llave maestra. Su determinación por continuar honrando a Dios era simplemente impresionante. No tenía animales para ofrecer en un altar, ni tenía salud para postrar su rostro en tierra; pero todavía podía abrir su boca y pronunciar el grandioso nombre de Dios. Tanto que llegó a hacer el siguiente juramento:

Vive Dios, que ha quitado mi derecho,
Y el Omnipotente, que amargó el alma mía,
Que todo el tiempo que mi alma esté en mí,
Y haya hálito de Dios en mis narices,
Mis labios no hablarán iniquidad,
Ni mi lengua pronunciará engaño.
Nunca tal acontezca que yo os justifique;
Hasta que muera, no quitaré de mí mi integridad.
Mi justicia tengo asida, y no la cederé;
No me reprochará mi corazón en todos mis días.

(Job 27:2–6, énfasis del autor)

LOS RESULTADOS DE LA HONRA

Cuando una persona insiste y persiste en seguir honrando a Dios, los resultados terminan apareciendo en algún momento. Dios mismo tuvo una conversación con Job, y después de ese diálogo, el patriarca se sintió muy apenado de haberle reclamado al Creador su infortunio, por lo que procedió a arrepentirse:

Respondió Job a Jehová, y dijo: Yo conozco que todo lo puedes, y que no hay pensamiento que se esconda de ti. ¿Quién es el que oscurece el consejo sin entendimiento? Por tanto, yo hablaba lo que no entendía; cosas demasiado maravillosas para mí, que yo no comprendía. Oye, te ruego, y hablaré; te preguntaré, y tú me enseñarás. De oídas te había oído; mas ahora mis ojos te ven. Por tanto, me aborrezco, y me arrepiento en polvo y ceniza. (Job 42:1–6)

Job estaba a punto de pasar la prueba, y para ayudarlo, Dios mandó a sus amigos a traer siete becerros y siete carneros para que Job pudiera hacer una oración. Recuerde, el patriarca estaba acostumbrado a orar ofreciendo holocausto; lo hacía como cultura. Para el patriarca, la honra era un hábito diario, y Dios lo quería ver de nuevo en acción. Así es que cuando ellos llegaron con los animales, inmediatamente Job supo qué hacer, se le presentaron al Señor en sacrificio, y la oración de Job fue escuchada:

> *Y aconteció que después que habló Jehová estas palabras a Job, Jehová dijo a Elifaz temanita: mi ira se encendió contra ti y tus dos compañeros; porque no habéis hablado de mí lo recto, como mi siervo Job. Ahora, pues, tomaos siete becerros y siete carneros, e id a mi siervo Job, y ofreced holocausto por vosotros, y mi siervo Job orará por vosotros; porque de cierto a él atenderé para no trataros afrentosamente, por cuanto no habéis hablado de mí con rectitud, como mi siervo Job. Fueron, pues, Elifaz temanita, Bildad suhita y Zofar naamatita, e hicieron como Jehová les dijo; y Jehová aceptó la oración de Job.* (Job 42:7–9)

RESTAURACIÓN DE JOB

Lo grandioso ocurre ahora. La llave maestra de la honra sigue funcionando como siempre lo ha hecho. Después de ofrecer aquel holocausto y hacer una oración, los cielos se abrieron y Job vio cómo todas las puertas se abrían una vez más; y todo le fue restaurado al doble de lo que tenía antes:

*Y quitó Jehová la aflicción de Job, cuando él hubo orado por sus amigos; **y aumentó al doble todas las cosas que habían sido de Job.** Y vinieron a él todos sus hermanos y todas sus hermanas, y todos los que antes le habían conocido, y comieron con él pan en su casa, y se condolieron de él, y le consolaron de todo aquel mal que Jehová había traído sobre él; y cada uno de ellos le dio una pieza de dinero y un anillo de oro. **Y bendijo Jehová el postrer estado de Job más que el primero;** porque tuvo catorce mil ovejas, seis mil camellos, mil yuntas de bueyes y mil asnas, y tuvo siete hijos y tres hijas. Llamó el nombre de la primera, Jemima, el de la segunda, Cesia, y el de la tercera, Keren-hapuc. Y no había mujeres tan hermosas como las hijas de Job en toda la tierra; y les dio su padre herencia entre sus hermanos. Después de esto vivió Job ciento cuarenta años, y vio a sus hijos, y a los hijos de sus hijos, hasta la cuarta generación. Y murió Job viejo y lleno de días.*

(Job 42:10–17, énfasis del autor)

Tanto el patriarca Job como el rey Salomón nos enseñan con su ejemplo que la honra a Dios, cuando se practica con un corazón limpio, siempre trae como consecuencia mucho más de lo que se ofrece. Es por esto que nuestro Padre celestial nos desafía a honrarlo. No es porque Él lo necesite, sino porque lo merece. Al final, nosotros seremos los más beneficiados al hacerlo.

PALABRAS FINALES

El camino para recuperar lo que Dios nos ofrece es
darle a Dios lo que a Él le pertenece.
—Pastor YES

Procurar el progreso es una parte intrínseca de cada ser humano. Nacemos con una inclinación natural hacia el éxito y lo buscamos casi de forma inconsciente, no importa si nacimos en una metrópolis, o en una tribu en los recónditos lugares del mundo, independientemente de la raza o color de la piel. Tampoco hace una diferencia si la persona es del sexo masculino o femenino; todos traemos por dentro la tendencia a la superación y la prosperidad.

EL PLAN DE DIOS

Entiendo que esta sana inclinación al progreso se debe a que la primera vivencia del hombre en el planeta Tierra fue la abundancia. En el mismo principio de la creación, una vez que Dios formó al ser humano, su plan fue colocarlo en un lugar saturado de riquezas. Allí no les faltaba nada. La Biblia dice que en aquel lugar se encontraba el mejor oro y había todo tipo de piedras preciosas. Y por si esto fuera poco, ni siquiera tenían necesidad de sudar para conseguir lo que deseaban. Las palabras escasez, necesidad, insolvencia, pobreza, hambre, dolor, crisis, no existían. Dios se había encargado de que no solamente tuvieran lo indispensable para vivir, sino mucho más que lo necesario. El Creador quiso darles abundancia. Lo interesante de todo esto es que lo que garantizaba la permanencia del hombre en aquel paraíso era la cultura de honrar las instrucciones que Dios les dio para vivir.

Cuando Adán y Eva pecaron y deshonraron a Dios, no solo se vio afectada su vida espiritual, sino que también perdieron muchos beneficios de los que gozaban como hijos de Dios. Uno de esos beneficios era la abundancia. Tal como lo escribe Vishal Mangalwadi en el prólogo del libro *Discipulando Naciones* de Darrow L. Miller:[1] "La intención de Dios era que el hombre viviera en un huerto; el pecado lo ha confinado a vivir en asentamientos pobres. El evangelio es el poder de Dios para salvarnos del pecado... y también de sus consecuencias".

El pecado de Adán y Eva trajo consecuencias devastadoras, y entre ellas muchas carencias. Dios los echó del paraíso en el que vivían y comenzaron a aparecer aquellas palabras que

---

1. Editorial JUCUM; Tercera edición (30 Julio 2018).

no existían. Ahora Adán y Eva tienen que sudar para satisfacer sus necesidades; se encuentran con cardos y espinos, que son elementos que causan dolor y se interponen en el camino para cosechar; cosas con las que nunca habían tenido que lidiar antes de pecar. En ese momento el plan parecía perdido, pero el propósito que Dios tuvo con ellos se mantuvo en pie. Es decir, a Adán le salieron las cosas mal porque rompió la cultura de honra; pero Dios, en su infinito amor, ha decidido mantener su plan en pie, tanto para Adán como para todo ser humano que viva en esta tierra.

LA RECUPERACIÓN DE LO QUE SE PERDIÓ

Si revisamos la historia de Adán y Eva, encontraremos que lo que los mantuvo dentro de aquel paraíso fue cumplir con un principio llamado "honra". Mientras ellos honraron a Dios obedeciéndole y dándole el primer lugar, los beneficios estuvieron presentes. Todo marchaba bien, mientras su prioridad era honrar a Dios. Cuando deshonraron al Creador, todos aquellos beneficios desaparecieron. Esto debe llevarnos hacia una poderosa conclusión: el camino para recuperar lo que Dios nos ofrece es darle a Dios lo que a Él le pertenece. Dicho de otra manera: si le damos a Dios lo que Él nos pide, tendremos como consecuencia lo que Él nos promete.

Todo lo que el hombre perdió está escondido dentro de lo que se le quitó a Dios. Al devolverle a Dios su posición original en el corazón del hombre, Él nos devuelve nuestra posición original en la tierra. Yo le doy la honra y la prioridad que le quité, y Él me devuelve la abundancia y todos los beneficios que yo perdí. Es a eso lo que se refiere el rey Salomón en Proverbios:

EL CAMINO PARA

RECUPERAR LO QUE DIOS NOS

OFRECE ES DARLE A DIOS

LO QUE A ÉL LE PERTENECE.

Honra a Jehová con tus bienes,
Y con las primicias de todos tus frutos;
Y serán llenos tus graneros con abundancia,
Y tus lagares rebosarán de mosto.

(Proverbios 3:9–10)

Dios le dio instrucciones a nuestros primeros padres con la intención de establecer una cultura que preservara lo recibido. Esa cultura es la honra que nace, no solamente de la obediencia a las instrucciones, sino, y principalmente, del reconocimiento de la majestad y posición del Creador en nuestra vida.

Para poder honrar a Dios y sus instrucciones, o a cualquier cosa o persona que merezca honra, se necesitan dos cosas:

Un corazón humilde, para poder ver en otros la grandeza, talentos o autoridad que se les ha otorgado.

Elevar la calidad de nuestros pensamientos, porque solo se puede dar honra cuando los pensamientos son excelentes. Fue por eso que el objetivo de la serpiente estaba en deteriorar los pensamientos del hombre al causarle dudas e incertidumbre. Una vez que lo logró, la deshonra y la desobediencia tomaron lugar.

Es urgente que a los seres humanos se nos revele que no es el dinero ni los bienes materiales lo que nos hará progresar. La clave tampoco es el avance tecnológico o los sistemas de gobierno (aunque cada una de estas cosas ayudan al progreso). Lo que sí es indispensable para el desarrollo integral de los seres humanos es que vivamos con humildad y elevemos la calidad de nuestros pensamientos para poder establecer en nuestras comunidades y, sobre todo, en nuestros hogares, la cultura de la honra. Debemos practicar una cultura que sea compatible con la voluntad de Dios y así podremos disfrutar de los beneficios y las promesas que se encuentran en el plan original del Creador para nosotros.

Invito a toda persona a recuperar la honra hacia nuestro Creador, al igual que hacia nuestros semejantes. Solo así viviremos en un mundo lleno de armonía y progreso para todos.

ACERCA DEL AUTOR

Yader Emanuel Simpson es una voz internacional de ense-
ñanza práctica sobre las finanzas. Es conferencista y motivador,
y su revelación especial se une a su experiencia como empresario
y consejero para difundir la palabra de sabiduría administra-
tiva que está cambiando vidas en Hispanoamérica y los Estados
Unidos. Sus programas de televisión se ven en Miami, Puerto
Rico, Perú, y Nicaragua. Es autor de los libros *Sabiduría para
prosperar y El poder de las primicias.* Ostenta una maestría en
Divinidades y un doctorado en Psicología Cristiana de *Logos
Divinity University.* Es el pastor principal de la Iglesia Jesucristo

El Todopoderoso en Miami, y ha ayudado a fundar otras iglesias. Yader reside en Miami, junto a su esposa Noemí, y sus dos hijos: Yader Josué y Winston Joel.